Vom Prosakuchen zum Lyrikparfait

Vom Prosakuchen zum Lyrikparfait

Die Autoren der
Burghauser Schreibwerkstatt
bitten zu Tisch

Herausgegeben von Regine Baumgärtel

Bibliografische Information der Deutschen Nationalbibliothek:
Die Deutsche Nationalbibliothek verzeichnet diese Publikation
in der Deutschen Nationalbibliografie; detaillierte bibliografische
Daten sind im Internet über http://dnb.dnb.de abrufbar.

Illustrationen: Christin-Maria Rupp
Bilder: Jörg Eschenfelder (Cover) Frank Kunert, privat
Redaktion, Lektorat und Satz: Regine Baumgärtel, Marion Capell,
Regina Dennehy, Jörg Eschenfelder
Herstellung und Verlag: BoD – Books on Demand, Norderstedt

ISBN: 978-3-7534-8169-2

Das besondere Menü

Ursula Güntner

KELLNER: Guten Tag, meine Herrschaften, dieser Tisch ist für Sie reserviert. Bitte nehmen Sie Platz. Darf ich Ihnen das besondere Menü des Tages anbieten? Es gibt Wörtersalat mit Vokaldressing, gefolgt von einem Widerwortauflauf mit spritziger Modewörtersauce – und als Nachspeise empfehle ich Ihnen ein wortgewandtes Lyrikparfait.

GAST 1: Das klingt ja fantastisch! Allerdings hätte ich lieber ein heißes Krimidinner mit einer Flasche Wortschwall.

GAST 2: Das ist mir alles zu viel Kladderadatsch! Bringen Sie mir bitte trockenen Prosakuchen mit weiser Schokolade.

GAST 3: Bei dieser Auswahl ist die Entscheidungsfindung wirklich eine Qual! Ich nehme einen großen Kaffeesatz mit beschwipsten Hohnpralinen.

GAST 4: Was ich nicht finden kann, sind die überbackenen Wortgefechte mit gesprochenem Käse. Der Koch sollte sich anstrengen! Wenn die Zubereitung nicht möglich ist, dann nehme ich Lesefrüchte mit Quasseltee, aber ohne Lückentext.

GAST 5: Heute will ich etwas Neues versuchen! Ich lese gerade, es gibt kandierte Aphorismen mit Elfchenpürree.

GAST 6: Ich bleibe bei meinem bewährten Geschichten-
eintopf mit Romanschinken und zur besseren Verdau-
ung einen Zungenbrecherschnaps.

KELLNER: Meine verehrten Herrschaften, das erlesene
Wörtercafé wird alles zu Ihrer Zufriedenheit erdich-
ten.

Der Kellner deckt den Tisch mit leeren Worthülsen, in
denen die Sprachhilfen stecken. Dazu Servietten aus
chlorgebleichten, blanken Buchseiten.

Lesen

Christin-Maria Rupp

In verschiedene Welten eintauchen
Schriftsteller kennenlernen
Lesebrille suchen, putzen, aufsetzen
Buch in die Hand nehmen
Teetrinken und lesen

Halbe Stunde Urlaub machen, lesen
Apfel essen, Schokolade naschen, lesen
Leseecke, Leseratte, Bücherwurm
Vorlesen, querlesen, überlesen
Ablesen, auflesen, schnelllesen

Buchstabe für Buchstabe
Wort für Wort
Satz für Satz
Seite für Seite
Kapitel für Kapitel
Buch für Buch

Inhalte in sich aufnehmen, lesen
Zeitung lesen, raschelnd, knisternd
Selbstgeschriebenes lesen
Süchtig werden nach Lesestoff
Eintauchen, sich informieren, weiterbilden
Entspannen, erkennen, sich verbinden

Auf dem Handy ohne Ton leise lesen
Ersetzt Hören das Lesen?
Doch Lesen geht auch anders:
Apfellese, Birnenlese, Traubenlese –
Handverlesenes besonders kostbar

Die Weißwurst

Daniela Clausen

Keine andere Speise führte während meiner Kindheit zu größeren Missverständnissen in unserer Familie als dieses Nationalgericht.

In den Ferien besuchen wir regelmäßig meine Oma in Bayern. Das find ich irgendwie doof, weil meine Freunde erzählen, wie sie ans Meer fliegen oder nach Amerika – und ich fahr nach Bayern. Mein Papa sagt, Bayern ist auch irgendwie Ausland. Meine Oma spricht ganz komisch, aber weil meine Mama genauso mit uns redet, können wir sie meistens verstehen.

Normalerweise fahren wir in der Nacht los, weil da nicht so viel Verkehr ist. Beim Autopacken müssen wir ganz leise sein, damit wir den Nachbarn nicht aufwecken. Aber ich glaube sowieso nicht, dass unser Nachbar überhaupt schläft, weil er immer ALLES weiß, was bei uns auf dem Hof passiert.

Wenn wir dann am Nachmittag bei meiner Oma ankommen, gibt es Brezeln und Weißwürste. Meine Oma kann gar nicht glauben, dass es so etwas bei uns nicht gibt, und darum muss mein Opa für uns extra viele Brezeln kaufen. Die Brezeln mag ich total gerne – die Weißwurst ist eklig! Man kann die Haut nicht mitessen und muss die ganz kompliziert abpellen. Und man darf keinen scharfen Senf dazu essen.

Meine Schwester hat Glück, weil sie sich beim Essen ständig so anstellt. Darum sagt keiner was und ist froh, wenn sie zumindest die Brezel isst.

Aber ich esse immer alles auf und mag eigentlich alles – nur keine Weißwurst!

Meine Mama sagt, sie mag die Weißwurst auch nicht so gerne, aber Oma will ihr eine Freude machen, weil es die bei uns nicht zu kaufen gibt. Darum wäre es unhöflich, sie dann nicht zu essen. Mein Papa kaut immer verdächtig lange auf der Wurst herum, aber ich glaube, er traut sich auch nichts zu sagen. Also würge ich brav meine Weißwurst runter, weil die Erwachsenen dann zufrieden mit mir sind – und die Erwachsenen, damit Oma gute Laune hat!

Als ich Jahre später meine Oma allein besuchte und die Sprache auf unsere Familienurlaube bei ihr kam, offenbarte ich ihr, dass wir nichts gruseliger fanden, als nach neun Stunden Autofahrt in eine Weißwurst beißen zu müssen. Ihre Erklärung überraschte mich: »Was hätte ich denn machen sollen? Weißwürste sind schnell aufgewärmt und ohne große Vorbereitung auf dem Tisch. Und ich wusste ja nie genau, wann ihr ankommt. Wenn es dir hilft: Ich habe sie auch nur wegen euch gegessen.«

Saure Heringe

Marion Capell

Wir liebten sie – nicht nur, weil es sie so selten gab, sondern vor allem, weil wir sie uns regelrecht erliefen, erschlichen, mitunter sogar erkämpften.

Meine Mutter stand stundenlang in der Küche, nahm die frischen Heringe, die mein Vater vom Hamburger Fischmarkt mitgebracht hatte, aus, säuerte und panierte sie, briet sie einzeln in der Pfanne und legte sie dann in einem leckeren Essigsud ein. Und immer hieß es: »Die müssen aber noch mindestens vier bis fünf Tage ziehen!« Und gleich danach verschwand die Terrine mit den eingelegten Fischen im Keller.

Die Wartezeit fiel schwer, das »Aber« hatte stets davor gewarnt, was jedes Mal aufs Neue passierte: Jeder von uns schlich sich spätestens nach einem Tag qualvollen Ausharrens mit einem kleinen Teller und einer Gabel in den Keller, wohl darauf bedacht, weder beim Runtergehen gesehen noch beim Essen ertappt zu werden. Das benutzte Geschirr musste zudem so unauffällig wie möglich wieder zurück in die Küche gebracht, gespült und aufgeräumt werden, damit nicht auffiel, dass es weg gewesen war.

Und so minimierte sich der Fischbestand täglich, mitunter sogar mehrmals täglich. Von Tag zu Tag schmeckten die Heringe besser.

Als es dann endlich soweit war, dass es sie zusammen mit besonders krossen Bratkartoffeln zum sonntäglichen Mittagessen hätte geben sollen, schwamm für jeden von uns gerade mal noch ein Fischlein einsam in der Maische.

Am Ende des nunmehr alles andere als opulenten Mahls beichteten wir der Reihe nach, wer sich wann wie viele Fische vorab geangelt hatte – und wir hatten große Freude an unseren »gel(i)ebten Heimlichkeiten«.

Ehrlich währt am längsten

Margit Prinz

»Schau, was ich dir mitgebracht habe.« Freudestrahlend hielt Tante Anni dem Maxi ein kleines Marzipanschweinchen entgegen.

»Danke«, kam Mama ihrem Sohn zuvor, »Marzipan ist immer gut. Das wird dem Maxi schmecken.«

Ungläubig blickte Maxi zu seiner Mama hoch und glaubte, nicht richtig zu hören. Er hasste Marzipan und die Farbe Rosa außerdem. Er blieb tapfer stehen, als sich die Tante zu ihm hinunterbeugte und ihm einen dicken Schmatz auf die Wange drückte. Verstohlen wischte er sich mit dem rechten Handrücken über die feuchte Stelle, während Mama das kleine in Zellophan gehüllte Tierchen an Maxis Stelle annahm und als Hauptattraktion der Kaffeetafel zwischen die Tischdekoration aus sandfarbenen Schmucksteinen stellte.

Das fing ja gut an. Die Tante durfte auf keinen Fall verärgert werden, das hatte ihm Mama eingeschärft. Denn Papas Tante – eigentlich seine Großtante und Omas Schwester – hatte vor kurzem ihren geliebten Dackel zu Grabe tragen müssen, und da wollte man ihr nicht noch mehr Kummer bereiten.

Im Laufe der Jahre wurden aus Schweinchen Schweine – faustgroße, handballgroße, fußballgroße. Es war schrecklich. Keiner in der Familie mochte Marzipan, und bald war es viel zu spät oder zumindest viel zu peinlich, um den Irrtum aufzuklären.

Die spendable Tante schenkte mittlerweile nicht nur Schweine, sondern auch Tütchen mit Marzipankartoffeln als Futter, wie sie augenzwinkernd erklärte.

Das Gegenteil von gut ist gut gemeint. Und die Tante meinte es richtig gut.

Die Schweine und ihr Kartoffelfutter wurden diskret an Freunde verschenkt, und so entfaltete Mamas Lüge erst zwanzig Jahre später bei Maxis Hochzeit ihre volle Wucht.

Die Tante bestand darauf, eine Hochzeitstorte mit drei Etagen zu organisieren. Die unterste und größte Torte war – zum Glück – eine gewaltige Schwarzwälder Kirsch mit frischen Prachtexemplaren von Kirschen. Die zweite Etage besetzte – auch zum Glück – eine wunderbare Nusstorte mit Walnüssen. Gekrönt wurde der Tortenturm von einer kleinen, rosafarbenen, marzipanverzierten Torte. Es hätte schlimmer kommen können.

Als Maxi mit seiner Maximiliane die Hochzeitstorte anschnitt, stand Onkel Adolf, der schon seit dem Mittagessen kräftig dem Alkohol zugesprochen hatte, bereits mit seinem leeren Kuchenteller neben dem Hochzeitspaar. Die Fotografen versuchten vergeblich, ihn wegzuwinken. Er bekam ein Stück Marzipantorte. Er streckte den Kuchenteller weit von sich in Richtung Hochzeitsgesellschaft. »Wer mag Marzipan?«, fragte er dröhnend in den Saal hinein. »Kein Mensch!«, gab er sich selbst die Antwort. »Dem Maxi wird schlecht von Marzipan, stimmt's Maxi?« – »Stimmt«, antwortete er wieder selbst.

Es stimmte tatsächlich. Onkel Adolf hatte dem seinerzeit kleinen dreijährigen Maxi sein erstes Marzipan verabreicht. Er hatte es selbst geschenkt bekommen und loswerden wollen. Maxi war damals etwas blass geworden und hatte es ausgespuckt, was der Onkel jetzt lautstark in der im Übrigen peinlichen Stille zum Besten gab.

Blass war nun Tante Anni. Aber nicht lange, dann begann sie schallend zu lachen. Auch sie mochte kein Marzipan. Ein lieber Nachbar hatte ihr vor zwanzig Jahren zum Trost für den Verlust ihres Dackels ein kleines Marzipanschweinchen geschenkt, das sie nicht ablehnen konnte.

Leben

Marion Capell

Sie kannten sich schon lange und galten als Traumpaar: Regina und Reginaldus. Ihre Namen verrieten bereits, dass sie zueinander gehörten.

Regina, eine Frau im besten Alter, lernte Reginaldus kennen, als er mit 17 seine Baaderlehre begann. Es war Liebe auf den ersten Blick.

Nach kurzer Zeit nahmen sie sich zusammen eine Wohnung und planten ihre gemeinsame Zukunft. Sie waren glücklich und beide beruflich erfolgreich.

Dann sagte sich Nachwuchs an. Reginaldus wusste nicht, ob er sich darüber freuen sollte oder nicht. Wie immer, wenn er keine Ordnung in seiner Gefühlswelt hatte, spielte er verlegen an seinem rechten Ohrläppchen – für Regina das Zeichen, all ihre weiblichen Reize einzusetzen, um ihn auf den »richtigen« Weg zu bringen.

Dieses Mal entschied sie sich ob der Wichtigkeit und der Bedeutung des Anlasses, ihm im durchscheinenden Seidennegligé ein ganz besonderes Abendessen in stilvollem Ambiente zu kredenzen. Zur Krönung der Tafel stellte sie den silbernen Kerzenleuchter, den sie zur Hochzeit geschenkt bekommen hatten, mit ihrer lange aufbewahrten Taufkerze auf den Tisch – sie wollte »Ankommen« signalisieren.

Mit viel Aufwand kochte sie das Essen, bereitete neben der Hauptspeise einen Salat als Starter und ein Schokoladenmus zum Kaffee »danach« zu.

Alles lief wie am Schnürchen, war nach ein paar Stunden perfekt – genau so, wie sie es wollte.

Freudig überrascht und erregt begann Reginaldus mit der Vorspeise, genoss den leichten Weißwein dazu, den sie so gekühlt hatte, wie er es liebte. Sie umgarnte ihn. Er konnte seine Augen nicht von ihr lassen – sie war so wunderschön in ihrem Hauch von Nichts, als sie ihm das Hauptgericht auftischte: Risotto à la casa mit Fungi und Parmesansauce an gebratenen grünen Tomaten. Er aß mit Wonne, es schmeckte vorzüglich.

Noch vor dem Dessert jedoch schlief er ein, sein Kopf fiel schwer auf den Tisch ... und sie stand auf, lächelte und ging schlafen.

Der Aufstand der natürlichen Aromen

Margit Prinz

Eines Tages hatten sie es satt: Sie wurden nicht mehr geschätzt, nicht mehr in Ehren gehalten, es wurde nicht mehr innegehalten wegen eines natürlichen Duftes. Doch auch die weniger edlen Gerüche pochten auf ihr Recht. Die Versammlung war überfällig. Die synthetischen Aromen drohten die feineren natürlichen Gerüche zu verdrängen. Endlich war die Übereinkunft zustande gekommen, um Widerstand zu leisten gegen Raumbeduftung und Ganzkörperparfümierung. Denn auch die Versklavung wie Destillation und Konzentration der natürlichen Düfte war etwas, das die Gerüche in Harnisch brachte.

»Ja, bei Rosen bleiben sie noch stehen, die Banausen, und halten ihre Nasen in die Blüte, aber auch nur, wenn sie ihnen in Augenhöhe praktisch direkt vor die Nase wachsen!«, schimpfte der Thymianduft.

»Du brauchst überhaupt nicht zu jammern! Als Kochgewürz kommst du doch fast in alle Häuser und von freudigen Ahs und Ohs begleitet auf den Esstisch!«, polterte der Holzgeruch. »Schau mich an, ich kann mich vielleicht mit dem Brennholz ins Haus schleichen. Ansonsten bin ich wegen des Lackgeruchs jedoch vollkommen abgeschnitten vom Menschen – eine Katastrophe ist das!«

»Ach was: Hundeshampoo!«, fuhr der Nasserhundgeruch dazwischen – DAS ist die Katastrophe!« Er war wie immer unglaublich aufdringlich, und seine Ausführungen fanden kein Ende. »Vor allem die kleinen Hunde werden sofort gebadet, wenn ich mal so richtig dabei bin, mich auszubreiten. Wo das noch hinführen soll! Als nächstes kommt das Parfum für den Dackel! Rauhaarplüschduft für Waldi!«, schniefte der Nasserhundgeruch.

»All die Dunstabzugshauben, Klimaanlagen – wir werden verschwinden, aus dem Leben der Menschen verbannt, sollen nicht mehr vorkommen!«, riefen die Gerüche durcheinander. »Kontrollierte Lüftungsanlagen!«, schrie einer.

»Ich weiß gar nicht, was ihr habt!«, grinste ein Geruch. »Wenn nur noch wir übrigbleiben, kommen die Menschen schon zur Besinnung. Ich werde die Menschen immer umgeben, so hoch sie die Nase auch tragen!«, sprach der Pfurz und prostete dem Schweißgeruch zu.

Die Macht der Gewürze

Jörg Eschenfelder

Es war ein sonniger, warmer Sommertag. Der Himmel war blau. Auf der Wiese am Bach hatte ein junges Pärchen im Schatten einer Weide seine Decke zu einem kleinen, aber feinen Picknick ausgebreitet. Der Sekt perlte in den Gläsern. Der Käse lag in mundgerechten Stücken auf der Holzplatte neben den Schinken- und Salamischeiben, dazu Melonenstreifen, Weintrauben und Birnenviertel.

Als sie zu einem Stück griff, sagte er: »Einen Moment noch!« Er holte aus seinem Korb ein kleines, längliches Holzgefäß, hielt es über den Käse und drehte am oberen Ende. Lautlos rieselten schwarze Stückchen herab.

Just in diesem Moment erhob sich eine sanfte Brise, gerade stark genug, um ein paar der schwarzen Krümel zu erfassen und mit sich zu tragen. Die Brise trug sie über die Wiese und den Bach bis zu dem kleinen Häuschen am Rand des Waldes. Dort lag auf einer Liege, eingehüllt in dicke Decken, ein junger Mann. Er schaute missmutig in die Sonne. Seit seinem Unfall vor ein paar Wochen in den Bergen war er an das Bett gefesselt. Und noch immer war nicht gewiss, ob er jemals wieder würde aufstehen und laufen können. Alle Pläne, alle Hobbys, das Reisen, der Sport, die Partys und – natürlich – die Frauen, all das war für immer dahin.

Er musste hier in der Sonne liegen und konnte nichts, NICHTS machen. Selbst das Streicheln der Brise konnte ihn nicht erfreuen. Das sanfte Rauschen der Blätter machte ihn schläfrig und ihm fielen unmerklich die Augen zu, während sich die kleinen, schwarzen Krümel auf seinem Gesicht niederließen und ihr Duft in seine Nase stieg.

Doch da war er schon in einem anderen Reich: auf einem lauten, hektischen Basar in einer fremden Umgebung, voller satter Farben in Blau, Rot, Grün und Gold, voller Menschen, die sich lautstark und wild gestikulierend mit fremdartigen, gutturalen Lauten, wie es schhien, miteinander stritten. Und dann: ein Innehalten, ein Verstummen. Auf den Gesichtern zeichnete sich ein Lachen ab und die Menschen nahmen sich in den Arm.

Über allem schwebte ein betörender Duft aus Anis, Vanille, Orangen, Kurkuma, Ingwer, Knoblauch, Safran, Lavendel, Rosmarin, Thymian und vielen, vielen Aromen mehr, die er nicht alle kannte.

Auf einmal war sie da, trat aus dem Dunkel eines Ladens hervor. Ihm stockte der Atem: Sie war die anmutigste Frau, die er je gesehen hatte. Sie war eigentlich nicht schön. Keine Schönheit, nach der er sich auf der Straße umgedreht hätte, keine Schönheit, die seine Fantasie angeregt hätte. Und doch: Er war von ihr bezaubert und begehrte sie.

Sie blickte ihn mit ihren dunklen Augen an. Ganz langsam erblühte auf ihrem Gesicht ein Lächeln.

»Willkommen!« Ihre Stimme war weich wie Seide. »Ich habe seit Anbeginn der Zeit auf dich gewartet.«

»Auf mich?«

»Du bist der, der mich befreien wird.«

»Ich?«

Sie nickte.

»Ich bin doch kein Held. Ich bin nicht stark, nicht groß oder besonders schlau.«

»Ich kenne Dich. Du hast etwas viel Wertvolleres: Du bist ein Mann der Fantasie und der Worte. Du wirst mich hier befreien.«

Sie nahm seine Hand und zog ihn in das Dunkel ihres Standes. Sie bettete ihn auf einem Berg aus Kissen und setzte sich zu seinen Füßen. Sie griff hinter sich, holte ein Tablett mit unzähligen Dosen, Tuben und Fläschchen hervor.

»Seit Anbeginn der Zeit verkaufe ich hier diese Gewürze und Düfte aus aller Herren Länder. Ich weiß, wo sie herkommen, wie sie geerntet werden, wofür sie gut sind, wovor man sich in Acht nehmen muss. Ich weiß alles über sie – und das, obwohl ich noch nie die Mauern dieses Basars verlassen habe. Ich bin hier gefangen, und du wirst mich befreien.«

»Ich?«

»Riech und erzähl mir zu jedem Duft eine Geschichte. Für jede Geschichte hast du einen Wunsch frei. Für jede zehnte Geschichte enthülle ich dir eines meiner Geheimnisse und für jedes gelüftete Geheimnis sollst du mit Gold, Myrrhe, Seide und Liebe entlohnt werden.«

Sie stellte das Tablett neben sich, griff zu einer Dose und lüpfte den Deckel. »Schließ die Augen! Riech und erzähl mir deine Geschichte.«

Er schloss die Augen und roch. Frisch gemahlener Pfeffer stieg in seine Nase, formte mit seinen Lippen Buchstaben, die sich zu Worten vereinten und Sätze bildeten. Satz fügte sich an Satz und entführte sie auf eine sinnliche, farbenfrohe Reise in die Südsee.

So ging es sieben Tage und sieben Nächte – ohne Unterlass, bis der Regen einsetzte. Zuerst waren es nur wenige, zaghafte Tropfen, die auf das Dach prasselten. Sie wurden mehr und mehr. Sie drangen durch den Baldachin, landeten auf seinem Gesicht und weckten ihn.

Er lag immer noch auf der Terrasse – verkrüppelt, mit einem nassen Gesicht und einem Lächeln auf den Lippen. Ungeduldig verlangte er Stift und Papier.

Er schrieb Tage und Nächte. Seite um Seite füllte er mit seinen Geschichten der Gewürze. Er erlebte erneut die vielen Reisen, besuchte die exotischen Orte wieder, schwitzte in der Wüste, fror am Nordpol, rauchte Pfeife mit Indianern und schwamm mit Schildkröten in der warmen Südsee. Er erlebte alles, was er sich je erträumt hatte und viel, viel mehr.

Als er den letzten Punkt gesetzt hatte, stand sie vor ihm: die Frau mit den dunklen Augen, die Frau, die er so begehrte, die Frau, die er befreit hatte – aus einer Zeit vor unserer Zeit, aus einer anderen Welt als der unseren.

Sie lächelte ihn an: »Du hast mich gerufen. Jetzt ist es an der Zeit, dass ich dir deine Wünsche erfülle.«

Schokohase sucht Knuddelbär

Gina Dennehy

Neulich unter den Kontaktanzeigen:

Ich, weiblich, 50 Jahre alt, suche dich, männlich.

Du suchst eine Köchin, eine Mutter, eine Kran-
kenschwester, eine Putzfrau oder ähnliches?
Dann sieh dich bitte woanders um.
Wenn es im Himmel keine Schokolade gibt,
dann möchte ich dort nicht hin!
Du suchst jung, knackig, schlank?
Ich hoffe für dich, das bist du auch!
Ich bin es nämlich nicht.

Du bist ständig aktiv, nicht entspannt, hast
deinen Tag bereits verplant?
Ich denke, Sport ist Mord – und das Leben ist
zu kurz, um sich festzulegen.

Du legst viel Wert auf Ordnung und Struktur?
Ich bin eine liebenswerte Chaotin.

Shoppen, Museen, gute Musik und lange, tief-
gründige Gespräche sind nichts für dich?
Das alles sind meine Leidenschaften, wie auch
gute Bücher.

Du suchst das große Glück, für immer zusammen, ständig gemeinsam, möchtest immer alles teilen?
Ich brauche meinen Freiraum und Zeit für mich.

Das Zuhause ist dein Heiligtum, Abende muss man planen?
Die Welt ist mein Zuhause, gib mir fünf Minuten, und ich folge dir überall hin.

Fremde Menschen sind dir ein Gräuel? Du bist lieber allein?
Komm in meine offene Tür, aber stolpere nicht über Freunde, Nachbarn und Bekannte.

Tiere tragen Schmutz in die Wohnung, Pflanzen gehören in den Garten?
Das mag schon so sein, interessiert mich aber nicht.

Wenn du nach Hause kommst, möchtest du erstmal deine Ruhe?
Ich bin ein Wirbelwind und unterhalte dich bestimmt.

Du meinst, Kinder sollte man sehen und nicht hören?
Denk darüber nach, während ich mit ihnen Fußball spiele.

Du wüsstest gerne, wie ich aussehe?
Wahre Schönheit kommt von innen.
Du willst mich kennenlernen?
Das ist schier unmöglich, denn ich habe tausendundeine Facette.

Du bist männlich? Du hast bis hier gelesen?
Du fandest das alles interessant? Kannst es auch verstehen?
Wenn du nun ein nettes Lächeln im Gesicht hast,
dann melde dich bitte bei mir – du Knuddelbär.

Schokohasi 589

Mord und Totschlag

Margit Prinz

So, jetzt ist Ruhe. Die glaubten wohl, dass sie damit durchkämen. Aber irgendwann reißt jedem der Geduldsfaden. Ich bin ein friedfertiger Mensch, aber alles hat seine Grenzen. Ich habe es angekündigt.

»Jetzt reicht es mir!«, habe ich gerufen. Aber es war, als ob ich Luft wäre. Völlig ignoriert haben sie mich. »Nicht mit mir! Schluss, aus, vorbei!«, das waren meine letzten vernünftigen Gedanken, bevor ich rot sah.

Ich war selbst überrascht von der Wucht meines Gewaltausbruchs. Meine Mordlust steigerte sich noch, als ich das erste Blut sah.

Mit voller Kraft schlug ich zu, was wirklich nicht nötig gewesen wäre angesichts der Zartheit meiner Opfer. Erst als alle tot waren, ließ ich die Hand sinken.

Das Blut an der Wand stört mich schon etwas – doch die Stille, die nun nach meinem Massaker eingekehrt ist, genieße ich sehr.

So kann es aber nicht jede Nacht weitergehen. Morgen besorge ich mir ein Mückengitter.

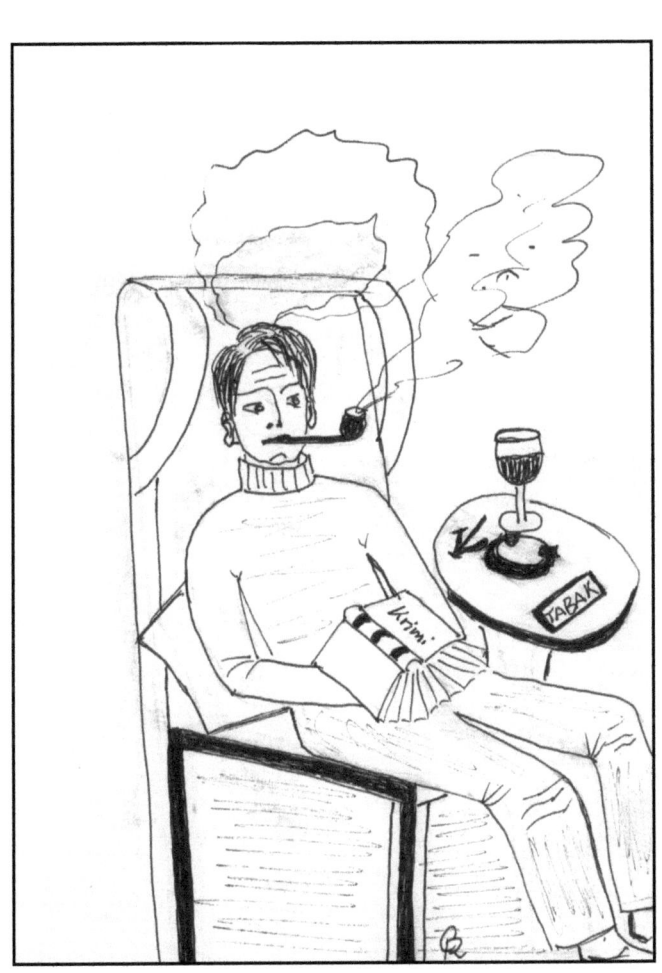

Ordnung muss sein

Jörg Eschenfelder

Ordnung muss sein, sprach der Psychopath.

Er legte Hand zu Hand,
Fuß zu Fuß.
Er ordnete die Beine der Länge nach, die Torsi
nach Umfang
und die Köpfe der Größe nach.
Alles schön sauber in einer gleichmäßigen Linie.

Er trat zurück,
entdeckte hier und da eine Lücke,
einen Sprung in der aufsteigenden Linie seiner
Ordnung.

Er machte sich eine Notiz, nahm Maß,
griff zu seinem Werkzeug.

Er war müde, wollte eigentlich schlafen,
ausspannen, mal wieder ein schönes Buch lesen.
Er wusste, der Burnout war gefährlich nah.

Doch er gönnte sich keine Pause
und machte sich auf den Weg in die Fußgän-
gerzone.

Denn: Ordnung muss sein.

Kinderspiele

Regine Baumgärtel

»Und jetzt, was spielen wir jetzt?« Erhitzte, lachende Gesichter überall. BÄUMCHEN WECHSLE DICH, FANGEN – allmählich ist alles ausgereizt. MÖRDER UND DETEKTIV im verdunkelten Zimmer ist schnell zu Ende, der Mörder nur zu rasch enttarnt. Also wieder hinaus, weiter Fangen und Verstecken spielen und dann den verlorenen Ball suchen.

»Noch ein Spiel, dann gibt's Pizza!« Es roch bereits verführerisch, und dämmrig wurde es auch schon. »Ich hab's: Wir spielen VERSTEINERN, das dauert nicht lange.«

Zuerst müssen alle ganz wild durcheinanderlaufen. Auf einen Pfiff hin muss jeder stocksteif stehenbleiben – in der Haltung, in der er gerade ist, ob Dornauszieher oder Denker. Und danach ganz still halten. Der Versteinerer darf alle Tricks anwenden, um jemanden dazu zu bringen, sich zu bewegen – der wird dann der nächste. Kitzeln klappt meistens. Die anderen dürfen sich erst aus der Starre lösen, wenn er sie berührt. Es macht Spaß, es gibt viel Geschrei und Gelächter. Manchmal kommt auch jemand von allein in Bewegung, weil er husten oder niesen muss, dann ist zwangsläufig er der nächste Versteinerer. Zwei-, dreimal der Wechsel, auf Befehl rennen wieder alle durcheinander.

Pfiff. In die plötzlich eintretende Stille: »Es gibt Pizza!« Ein dampfendes Blech, die Stücke vorgeschnitten. Einen Streifen gegrapscht, einer versteinerten Figur vor die Nase gehalten, die schwankt – happs, heiß! »Du bist der nächste Versteinerer!« Schnell alle berühren: erlöst – erlöst – erlöst. Und schon rennen alle zur Futterkrippe. Keiner dreht sich mehr um. So sieht keiner, dass einer noch unerlöst unter dem Apfelbaum im schon stark dämmrigen Garten steht, stocksteif. Still, unbeweglich. Keiner hat ihn berührt – »Du darfst dich nicht bewegen, wenn dich keiner berührt hat.«

Drinnen die Schlacht am Pizzablech, alle kauen, lecker! Einer verschüttet seine Limo, dem anderen fällt das Glas aus der Hand. Scherben aufkehren, Klebriges wegwischen. Die Mutter des Geburtstagkindes hat zu tun. »Haben alle genug?«

Die erste Abholmutter klingelt. Inzwischen ist es ganz dunkel geworden. Niemand vermisst ihn, den Kleinsten aus der Klasse. Er spielt ja eh keine Rolle. Erwachsene füllen den Vorraum. »War's schön?« – »Hast du deine Jacke?« – »Krieg ich noch was von der Salamipizza?« Gedränge im Flur, Geschrei. »Nur noch Pizza mit Schinken.« – »Nee, danke.« Der Vorraum leert sich, noch zwei Mütter eifrig im Gespräch.

»Franz! Fraaanz! Wo steckt der Kerl denn, wir müssen heim. Nie ist er da, wenn man ihn braucht.« Weit kann er doch nicht sein. Ein kühler Wind weht jetzt herein, Feuchtigkeit steigt auf vom Gras durch die geöffnete Terrassentür.

»Mensch, Franz, verarsch uns nicht, sonst gibt's was auf den Hintern. Komm jetzt, aber dalli, dalli!« Nichts rührt sich. Wo hat er sich versteckt? Im Kinderzimmer, im

Schrank? Findet er das lustig? Vielleicht ist ihm schlecht geworden – im Bad? Nirgendwo.

Längst sind alle Familienmitglieder eingespannt bei der Suche. Im Gartenhäuschen? Hier stimmt doch was nicht! Ist ja eh so schwach und klein, der Franz. Hat sich einer eingeschlichen und ihn mitgenommen? Die Angst kriecht hoch. Jetzt nochmal mit Taschenlampen den Keller, den Dachboden, das Gartenhäuschen durchsuchen – einmal, zweimal. Dann wohl doch die Polizei anrufen.

Unterm Apfelbaum, da steht etwas, was nicht dahin gehört. Eine Statue, die Gestalt eines Kindes, deutlich erkennbar Ohren und Nase, Locken. »Mensch, rühr dich doch, du bist wohl verrückt geworden!« Das Geburtstagskind will die Hand packen, schreckt zurück, ein Schrei – die Hand ist eiskalt, hart, grauer Granit. Versteinert.

Eingesperrt

Wolfgang Fauska

Es läuft mir heute noch ein kalter Schauer über den Rücken, wenn ich an den unfreiwilligen Aufenthalt in der kleinen Zelle denke, ausgelöst von einem Missgeschick oder einfach nur jugendlicher Unbekümmertheit. Ganz plötzlich allein, mit einem Geigenkasten unter dem Arm.

Ich war damals etwa 14 Jahre alt und bekam von meinem Onkel, der meine musikalische Begabung offenbar in hohem Maße überschätzte, eine gebrauchte Geige geschenkt. Die Geige lag längere Zeit ungenutzt herum, denn meine Eltern ordneten mein musikalisches Talent weit zurückhaltender ein und hätten sich außerdem einen regulären Geigenunterricht für mich gar nicht leisten können.

Eines Tages bahnte sich eine unerwartete Wendung an. Der Opa meines Schulfreundes war ausgebildeter Geigenspieler, daher nahmen wir voller Freude sein Angebot an, bei ihm Geige spielen zu lernen, natürlich ganz ohne die üblichen Kosten für den Unterricht. Mit großer Begeisterung trafen wir uns in seiner Wohnung zu den wöchentlich angesetzten Stunden.

An einem späten Sonntagnachmittag zur Winterzeit war es wieder soweit. Da mein Freund Reiner an diesem Nachmittag verhindert war, ging ich allein zum Geigenunterricht. Der Opa wohnte in einem Wohn- und Geschäftshaus auf dem weiträumigen Marktplatz. Im gesamten Erdgeschoss befand sich die Filiale einer Volksbank. Nur ein Gang führte von der breiten Haustür in den hinteren Teil des Gebäudes in Richtung Treppenhaus zu den oberen Geschossen und war dort durch eine massive Tür abgetrennt. Beide Türen waren während des Tages immer offen, und der Flur konnte ohne Probleme passiert werden.

Als ich jedoch an diesem Sonntag nach dem Geigenunterricht zurück nach Hause gehen wollte, merkte ich, dass die Haustür in der Zwischenzeit zugesperrt worden war. Nun gut, da musste ich halt noch einmal in den zweiten Stock hinaufgehen und den Opa bitten, die Haustür aufzusperren. Beim Zurückgehen zu der inneren Tür stellte ich mit Schrecken fest, dass sich auch diese Tür vom Flur her nicht mehr öffnen ließ. Ich rüttelte verwundert am Türgriff – nichts bewegte sich. Ich war also gefangen in diesem engen Raum, zwei Meter breit und etwa sechs Meter lang.

Die Dunkelheit war schon hereingebrochen, durch das Oberlicht fiel das fahle Licht einer Straßenlaterne in den schmalen Flur und zeichnete den Schatten des Fensterkreuzes an die Wand. Ich achtete allerdings kaum darauf. Meine Gedanken bewegten sich um die Frage, wie ich hier herauskommen könnte. Ich begann, laut zu rufen und zu klopfen. Aber nichts rührte sich. Warum war ich nur so dumm gewesen und hatte nicht überprüft, ob die Haustür unversperrt war, bevor ich die innere Tür ins Schloss fallen ließ. Aber all die Grübelei half mir nicht weiter.

Verzweiflung und Ärger wechselten sich ab, der Puls raste. Sollte ich hier auf dem harten Fliesenboden übernachten? Was würden meine Eltern denken, wenn ich zur gewohnten Zeit nicht zum Abendessen nach Hause käme? Hin und her, her und hin überlegte ich. Wut und Ärger über das Missgeschick machten sich breit. Der Kopf dröhnte, der Brustkorb spannte sich. Ich ertappte mich dabei, wie ich auf und ab lief, wie eine gefangene Kreatur in einem engen Käfig. Ja, plötzlich eingesperrt in diesem winzigen Raum mit seinen kahlen Wänden und keine Aussicht, mit eigener Kraft entrinnen zu können.

Ein weiteres Mal klopfte ich an die Tür und begann, laut um Hilfe zu rufen. Vergebens. Niemand reagierte darauf. Allmählich formte sich der Gedanke, bis zum Montagmorgen in diesen kahlen vier Wänden verbringen zu müssen, bis jemand die Bank aufsperren und mich endlich befreien würde.

Nach einiger Zeit wich meine Wut einem seltsamen Gefühl von Apathie und Gleichgültigkeit. Ich suchte mir einen Platz zum Hinsetzen und stellte mich auf die Situation ein, bis in den Morgen hier sitzen zu müssen. In einer Ecke kauernd saß ich eine ganze Weile und war wohl schon etwas eingenickt, als ich – so ist es mir vorgekommen – von ganz weit her Stimmen einer Unterhaltung hörte, die sich dem Haus langsam näherten. Sollte sich der Spuk wie ein überstandener Albtraum in Nichts auflösen und ein versöhnliches Ende finden?

Traum oder Wirklichkeit, Zweifel und Hoffnung balgten sich in zähem Ringen und ließen die Anspannung der Nerven schier unerträglich ansteigen. Für einen Moment wieder Stille. Doch nichts? Der Atem stockte. Nach einigen bangen Sekunden meldete sich die Wirklichkeit zurück, als ein Schlüssel mit einem schnarrenden Geräusch das Türschloss löste und sich die schwere Eingangstüre langsam öffnete. Das fahle Licht der Straßenlaternen drang vom verschneiten Marktplatz her in den dunklen Gang. Zwei Personen kamen herein und blieben wie angewurzelt stehen, als sie den in der Ecke kauernden Jungen entdeckten. Es war der Filialleiter der Bank mit seiner Frau, die wohl von einem abendlichen Spaziergang zurückkehrten. Der Mann musterte mich mit einem strengen Blick, starrte mich wortlos an und fragte schließlich mit gereizter Stimme, was ich denn in diesem Haus um diese Zeit zu suchen hätte. Es dauerte einen Moment, bis ich die Sprache wiedergefunden hatte, aber dann sprudelte es aus mir heraus, alles durcheinander: vom Geigenunterricht, von meinem Freund, der nicht dabei sein konnte, vom Opa und noch allem Möglichen.

Mein unkontrollierter Wortschwall löste mehr Verwirrung aus, als er zur Klärung der Angelegenheit beitrug. Der Filialeiter verstand von all dem nichts, bemerkte jedoch im Nu meine offensichtliche Verwirrung und begann schließlich, mit beschwichtigender Handbewegung beruhigend auf mich einzuwirken. Mit einem zweiten Anlauf schilderte ich die ganze Angelegenheit von Beginn an und konnte so endlich den Sachverhalt klären. Sein Gesichtsausdruck hellte sich zusehends auf. Er begann dabei verständnisvoll zu nicken, ging zurück zur Haustür, öffnete sie freundlich und wünschte mir sogar noch einen schönen Abend.

Mit riesengroßer Erleichterung klemmte ich den Geigenkasten unter den Arm, verließ mit einem hastigen »Dankeschön« den engen Raum und trat mit schnellen Schritten meinen Heimweg über den verschneiten Marktplatz an.

Winters bitterkalt

Marion Capell

Winters bitterkalt
stehen Frauen ururalt
draußen ohne Kleid

Geben sich die Hand
lehnen zitternd an der Wand
klagen stumm ihr Leid

Lang, lang ist es her
Blüten gingen auf und zu
Jahreszeitenring

Übergänge vom Meer zum Himmel

Ilse Hacker

Das Meer rauscht. Die Wasserflut überwindet seit Millionen Jahren an jedem Tag die Grenze zwischen Meer und Land und zieht sich wieder zurück. Das geschieht zweimal täglich, oft gemächlich, aber doch unaufhörlich. Zu manchen Zeiten, besonders bei Neumondzeiten wird die riesige Wasserwelt drängend. Wenn es sich trifft, dass sich ein Wind zum Sturm entwickelt und der Mond das Wasser emporziehen will, ja dann kann das Meer für ein Land und seine Menschen gefährlich werden. Glücklicherweise gibt es das nur nach Jahrzehnten erneut.

Wie herrlich märchenhaft sieht die weite Welt unter und über dem Wasserspiegel aus, seltsame und prachtvolle Landschaften, Pflanzen und Tiere. Die Atmosphäre, die erfrischende Luft, das berückende Licht und die Farben immer verändert nach Tageszeit, Jahreszeit und Wetter, blau, grau, rosa und gelb in allen Schattierungen, Spiegelungen der bewegten Wellen.

Die Sicht auf das Meer, auf die Weite öffnet das Gemüt, bewirkt nicht nur bei Künstlern, Malern und Musikern großartige Schöpfungen. Auch unser Blick wird offen – nicht mehr auf eine kleine interne Welt gerichtet, nein, offen blickend auf die Welt. Schon bei Tage schmelzen unsere Gedanken und lassen den Gefühlen und unbestimmten Erinnerungen Raum.

Der Horizont über dem Meer geht unbemerkt in den Himmel über. Zu Zeiten schickt der Himmel Regen und Nebel auf die Erde, auf Land und auch auf das Meer, es vermählen sich oben und unten – unten und oben.

Die Grenzen lösen sich auf. Die Kommunikation zwischen den Wasser- und Luftgeistern war vor Zeiten und bleibt für Äonen.

Am Ende eines strahlenden Tages versinkt die Sonne im goldenen Meer – die Wellen und die Inseln glänzen golden, und nach kurzer grauer Dämmerung zeigt sich das Meer plötzlich schwarz, ruhig, leise, kaum bewegt. Die Welt ist still, kein Vogel singt, keine Grille zirpt.

Auf dem dunklen Wasser erscheint ein weißsilbriger Schein: Der Mond geht auf. Er schickt vom Horizont her einen Silberstreifen über die riesige Meeresoberfläche – ruhig, elegant, eine ferne unwirkliche Welt: ein Traum.

Morgen ist heute schon gestern

Marion Capell

Vergangenes ist gewesen, verflossen, vorbei, berührt heute nicht mehr, ist nur Erinnerung.

Künftiges ist noch nicht da, steht bevor, spielt erst später eine Rolle, ist vielleicht Wunsch oder Vision.

Was zählt ist das Heute, das Jetzt, das Hier, der Moment.
Carpe diem!

Mag der Blick in die Vergangenheit auch wichtig erscheinen, kommt ihm in der Gegenwart nur bedingt Bedeutung zu – ist er in die Zukunft gerichtet, kann er gegenwärtig leicht zum Stolpern führen.

Missverständnisse

Ilse Hacker

Missverständnisse.
Wer versteht denn eine Miss –
doch man vermisst sie.

Novembersonne

Regine Baumgärtel

Novembersonne
nie hattest du so viel Kraft
wie in diesem Jahr

Die Sonne steht tief
am noch stahlblauen Himmel
eiskalt wird die Nacht

Am Morgen sind
die letzten Blüten
am Trompetenbaum erfroren

Stille im Raum

Ilse Hacker

Wie Akrostichon, Elfchen und Haiku zählt das »Schnee-ballgedicht« zu den Spielformen der Poesie. Es beginnt mit einem Wort, dann wird in jeder Zeile ein weiteres Wort hin-zugefügt. Nach fünf (oder sechs) Wörtern das Gleiche rück-wärts, bis am Schluss wieder nur ein Wort dasteht.

Ein
Engel geht
an uns vorbei –
sagt man in Frankreich –
wenn im Raum Stille herrscht.
Die Gefühle naher Menschen
kann man erspüren.
Gute Gedanken
erfreuen.

Farben

Marion Capell

Gelb
Sonne scheint
Natur hell schön
wärmt Körper und Seele
Solarplexus

Orange
Mandarinen, Apfelsinen
Früchte saftig süß
gesund erfrischend sättigend vitaminreich
Heilung

Stille

Ilse Hacker

Stille
ist leise –
doch nicht leer.
Du fühlst Töne der
Bedeutung.

Apfelbaum

Gina Dennehy

Saftiges sattes Grün, voller Kraft des Lebens,
eingebettet in einem sanften Tal,
genährt durch frisches fließendes Wasser,
gewärmt durch die stärkenden Sonnenstrahlen,
bildet Blüten, wie weiß-rosafarbige Rüschen,
in voller Pracht auf den Zweigen.

Bienen tanzen um die zarten Kleidchen,
lassen sich den süßen Nektar schmecken.
Apfelblütenhonig ein besonderes Geschenk.
In den alten starken Ästen,
verborgen in einer Gabelung,
hat sich ein Vogelpaar niedergelassen.
Neues Leben wächst.

Nahrung und Schutz bietet das Geäst genug.
Nachts tanzen schwarze Geister in den Blättern
und jagen geschwind und geschickt durch die
Äste nach Insekten.
Die kräftigen Wurzeln trotzen den Sommer-
stürmen, strecken sich mit aller Macht
nach den Wasserspeichern unter der Erde.

Die Blütenblätter sind längst im Wind davon-
getanzt.
Kleine Gebilde neuen Lebens haben ihren Platz
übernommen.
Eine Hochzeit im Schatten bringt Musik, Tanz
und viel Freude mit sich.
Zu allerlei Speisen werden Kuchen, Most und
süßer Saft genossen.
Kinder erobern die Höhen und lassen ihre
Träume fliegen.

Prächtige Früchte in Grün, Gelb und Rot
beschweren die Äste.
Mancher bunte Drachen verfängt sich tänzelnd
im Baum.
Noch ehe der erste Frost im Tal einzieht,
bildet sich das vollmundige Aroma.
Es wird geerntet, gebacken, gekocht,
Most und Saft gewonnen.
Bunt gefärbt im Herbst
geht der Baum dann zur Ruhe.

Der Duft der Äpfel hängt im Raum.

Apple Tree
By Gina Dennehy

Lush, fresh green, full of life, embedded in a gentle vale,
nourished with fresh running water,
warmed by the powerful rays of the sun,
blossoms like white pink coloured ruffles in full splendour.

Bees dance around the delicate petals
collecting the sweet nectar.
Apple blossom honey a special gift.
Hidden in an old, strong branch fork
a pair of birds have settled. New life arises.

The tree offers enough food and protection.
At night bats dance like dark spirits through the leaves
and hunt for insects swiftly and skilfully.
The strong roots defy the summer storms,
stretching with all their might towards the groundwater.

The petals parted in the wind giving way to young apples.
The start of a good harvest at the end of the year.
A wedding in the shade brings music, dance, and lots of joy.
Children scale the heights and let their dreams fly.

Magnificent fruits in green, yellow, and red weigh down the branches.
Many a colourful kite caught prancing in the tree.
The full-bodied aroma develops before the first frost sets in the vale.
Apples are picked for baking and cooking, not forgetting cider and juice.
Colourfully hued in autumn, the tree then goes to rest.

The scent of apples lingers in the room.

Lebenswert

Walburga Hütter

das Fremde respektieren
das Unbekannte tolerieren
das Unrecht benennen
Fehler erkennen
sich über Zweifler erheben
Gemeinsamkeit leben
sich gegenseitig verstehen
aufeinander zugehen
sich selbst nicht verlieren
einander akzeptieren
durch Menschlichkeit reifen
die Chance ergreifen
Vorurteile verbannen
einen Bogen spannen
zwischen Okzident und Orient
von Kontinent zu Kontinent
ein Nehmen und Geben
ein lebenswert Leben

Tägliche Begleiter im Wandel der Zeit

Marion Capell

Waren es als Schulkind Tornister, Heft und Stift,
ist es jetzt eher der Lift,
den es zum Vorwärtskommen braucht.

Als Student wurde angeregt diskutiert, gelernt
und geschrieben,
heute ist davon nicht mehr viel geblieben,
nur das eine oder andere beim Aufräumen wieder aufgetaucht.

Das Berufsleben war zunächst gekennzeichnet
durch Akten und Fakten,
zu Robe und Diktiergerät gesellte sich so manche Diät.

Eine Weste mit vielen Taschen für Leckerlis,
Clicker und Leinen
verhalf fremden Hunden ebenso wie meinen
zu Gehorsam und gutem Benehmen.

Nun sind es Gehstock, Maske und Smartphone,
die Sicherheit geben und zu Ärzten begleiten
schon –
muss man sich deswegen schämen?

Not macht erfinderisch

Jörg Eschenfelder

Corona – die Zeit, innezuhalten; die Zeit, Neues zu entdecken, auszuprobieren. Wirklich? Muss das sein? Warum schon wieder etwas Neues? Haben wir nicht alle naselang etwas Neues zu lernen, zu entdecken, zu erleben? Neue Techniken, neue Fernsehprogramme, neue Sprachen, neue Länder, neue Menschen, neue Fitnesstrends, neue Erkenntnisse für ein noch schöneres, noch gesünderes, noch längeres Leben. Alles unter dem Deckmantel: Innovation.

Neues, überall und immer Neues. Und immer schneller. Kaum ist das eine da, gibt es schon wieder das nächste Neue: Das nächste Update, die nächste Erkenntnis – und gleich wieder eine Studie, die Neues (!) verkündet, Altes scheinbar über den Haufen wirft, in den Schatten stellt, nur um dann nach dem zweiten Durchlauf das Alte wieder zu bestätigen …

Neues? Immer Neues. Weiter, immer weiter … ohne Ziel, ohne Verstand, aber mit immer neuen Zügen. Und wehe, einer macht nicht mit! Dann ist er altmodisch, wird mitleidig betrachtet – bestenfalls, aber insgeheim belächelt. Dieser Mensch ist aus der Zeit gefallen, abgehängt, wird links liegen gelassen. Am Wegesrand zurückgelassen, denn wer nicht mehr mitkommt, im Rad nicht mitläuft, hat Pech gehabt. Es muss ja immer Gewinner und Verlierer geben – und wer nicht mit der Zeit geht, der bleibt eben zurück.

Not macht erfinderisch?

Ja, sicher. Aber ist es tatsächlich Not, wenn wir daheim bleiben müssen, wenn wir ein Dach über dem Kopf und genug Essen im Kühlschrank haben? Wenn wir Radio hören, Fernsehen und im Internet surfen können, wenn wir uns um das Geld und die Miete keine Sorge machen müssen? Ist das Not? Ist es Not, wenn wir einmal innehalten – und uns selbst begegnen müssen? Nein, begegnen dürfen. Wenn wir einmal fragen dürfen, was uns wichtig ist, wie wir uns organisieren müssen, wenn es mal nicht nach Plan läuft?

Das war doch eigentlich der Normalzustand der Menschheit: Seuchen, Missernten, Naturkatastrophen, Kriege. Das war lange, sehr lange in Europa normal. Wer konnte schon ein Menschenleben, die nächsten Jahrzehnte oder gar die nächsten Jahre im Voraus planen? Ja, selbst in vielen Teilen der Erde ist das heute noch normal.

Not. Ist es wirklich Not, einmal daheim bleiben zu müssen? Für manche sicher. Aber ist es Not, sich einmal fragen zu müssen, was ist wichtig? Was brauche ich wirklich? Was ist Luxus? Ist es Not, einmal die eigene Begrenztheit des Daseins hautnah zu erleben – zu erleben, dass sich nicht alles planen lässt? Dass es etwas gibt, das größer und mächtiger ist als wir? Das keine Rücksicht nimmt und alle treffen kann?

Ist es nicht eher eine Befreiung? Eine Befreiung von unserem Hamsterrad, von dem Zwang und Drang, ständig noch besser, noch optimierter, noch effizienter und produktiver zu werden, noch gesünder zu leben, noch mehr Sport zu treiben.

Es ist die Chance, wieder die Blumen auf dem Balkon zu genießen, bewusst einzukaufen, darauf zu achten, was ich eigentlich brauche. Es ist die Chance, den Menschen bewusst zu begegnen, auch wenn es Distanz ist. Es ist die Chance, einmal bewusst die Distanz zu meinem Mitmenschen zu wahren, nicht ungefragt in seine Zone einzudringen. Bewusst durch den öffentlichen Raum zu gehen und ihn wahrzunehmen, nicht einfach von Ort zu Ort zu hetzen. Es ist die Chance, endlos Serien auf Netflix anzusehen und dann zu fühlen, wie hohl das ist. Die Chance, den Fernseher und das Internet abzuschalten und selbst etwas zu machen: zu lesen, zu schreiben, zu malen, zu kochen. Neues zu machen, an das wir lange nicht mehr gedacht haben, von dem wir uns nur zu leicht ablenken ließen, weil es so bequem war. Oder auch Dinge anzugehen, die wir lange aufgeschoben haben, weil es immer etwas gab, was wichtiger, drängender war – nur damit es dann ständig im Hinterkopf nagt wie ein Teufelchen auf der Schulter.

Corona stellt unser Leben auf den Kopf. Aber vielleicht stellt es einfach nur unser Leben vom Kopf auf die Füße, rückt es gerade und zurecht. Zu wünschen wäre es.

Aber was wäre dann? Dann wäre vieles anders und ungewohnt, müssten wir uns auf Neues einlassen, unsere Komfortzone, die wir so dringend zurückhaben wollen, dauerhaft und endgültig verlassen.

Einigen mag es gelingen, aber wohl den wenigsten.

Not macht erfinderisch. Nutzen wir diese Chance oder lassen wir sie vorbeiziehen, um möglichst bald wieder in das alte Hamsterrad zurückzukehren, um möglichst bald wieder zu funktionieren?

Corona. Eine Krise? Ein Umbruch? Eine Revolution?

Wohl eher eine Pause, nach der es wieder weitergeht wie nach einer Rast auf einer langen Wanderung: Anfangs mit etwas müden und steifen Knochen und langsam, aber nach wenigen Schritten sind wir wieder im alten Trott, und es geht weiter und weiter, immer weiter …

Corona-Zeit

Regine Baumgärtel

Einfach nur dasitzen
in der milden Märzsonne.
Nicht an Klopapier oder Salat denken.
Hat alles Zeit.
Einfach nur dasitzen.

Die Vögel zwitschern.
Spielt keine Rolle, wie sie heißen.
Einfach nur dasitzen.

Gedämpfte Unterhaltung beim Nachbarn.
Geht mich nichts an.
Maschinengebrumm von gegenüber.
Ruhig und gleichmäßig.
Geht mich nichts an.

Wenige Autos rauschen vorbei.
In gebührendem Abstand.
Die Minuten verrinnen lassen, ohne sie zu
zählen.
Was muss ich als Nächstes tun?
Einfach nur dasitzen.

Dem Grün beim Wachsen zuschauen.
Die Schlüsselblume hat ihren Stängel ein Stück
nach oben geschoben.
Mittagssonnenwärme.
Hat heute jemand Zeit für einen Spaziergang
mit mir?
Spielt keine Rolle.

Ausgangssperre.
Alle Zeit der Welt.

(29. März 2020)

Eile, eile ... oder?

Ulrike Ott

> *»Das ist heute nur einer von vielen Tagen, die noch kommen werden. Aber das, was du heute tust, kann für die kommenden Tage entscheidend sein.«*
> *(Ernest Hemingway)*

Eine zwangsverordnete Pause. Wir sind auf dem Pfad der Ruhe, genießen, was zu genießen ist. Nehmen Dinge um uns herum mit neuen Augen wahr. Lassen die negativen Impulse nicht zu nah an uns heran. Genießen den Tag mit anderen Facetten. Vielleicht auch deshalb, weil wir nicht mehr unter 60 Jahre sind. Wir haben nicht »ausgedient«, wir sind munter.

Der Morgen beginnt mit Vogelgezwitscher und einem stressreduzierten Frühstück. Dann eine weitere Tasse Kaffee und mehr Zeit für die Tageszeitung. Der Arbeitsweg fällt ja gerade mal weg.

Nach den morgendlichen Aufgaben an Schreibtisch und Computer und der Erledigung verschiedener Hausarbeiten folgt die Mittagszeit. Ohne Eile. Schnell, schnell im Dauerlauf irgendwo ein Fast-Food-Mittagessen hinunterschlingen, darauf kann jetzt verzichtet werden. Die Chance, ein gesundes Essen im Sitzen ruhig ohne Zeitdruck zu genießen. Ein langsames Essen, um Körper und Verdauung Zeit und Ruhe zu geben. Was für ein angenehmes und schönes Erleben! Vielleicht kommt sogar die Familie zusammmen, weil alle in einem Haushalt leben.

Auch wenn die verordnete Zwangspause so manche Schrecken und Unsicherheiten hat, jeder Einzelne sollte ihre positive Seite entdecken und für sich nutzen – ob in den vier Wänden oder beim Spaziergang in der Natur. Mit dieser besonderen Pause können sich andere Kräfte mobilisieren und Umdenkprozesse auf den Weg bringen lassen, um mit neuen Ideen und Gedanken kreativ in die Zukunft zu schauen.

»Eile, eile, schneller, schneller immerzu,
morgen, morgen geb' ich erst Ruh'.
Keine Eile mehr – nur langsamer immerzu,
so geb' ich Ruh'.«

Beobachtungen

Ursula Güntner

Markt und Straßen stehn verlassen,
dicht bewohnt ist jedes Haus,
staunend geh' ich durch die Straßen,
alles sieht verlassen aus.

An den Fenstern stehen Kinder
buntes Spielzeug in der Hand.
Alle Kinder stehn und staunen,
sind so einsam und bedrückt.

Und ich wandre aus den Mauern
bis hinaus ins weite Feld,
buntes Grün und helle Freude,
wie so weit und still die Welt.

Sonne hoch am Himmel steht,
aus der Stille – Einsamkeit,
steigt kein wundersames Singen.
O du seltsame Corona-Zeit!

(angelehnt an »Weihnachten« von Joseph von Eichendorff)

Ich ging im Städtchen ...

Monika Hausladen

Ich ging im Städtchen so für mich hin.
Donnerstag war's, die Sonne schien.
Im Schatten sah ich 'ne hölzerne Bank.
Ich setzt mich hin, Coffee to go in der Hand.
Da, oh, Orchesterklang berührte mein Ohr.
Ich schaute erfreut die Fassade empor.
Natürlich, das ist doch Schwanensee –
genau die Musik, auf die ich so steh.

Ich übe gern Rücksicht.
Aber Vorsicht ist geboten,
wenn die verschiedenen Ansichten
zu keiner Einsicht führen –
und Umsicht ist sowieso nicht jedem gegeben.

Offenheit ist eine Eigenschaft der Klugheit,
wobei die Sturheit in Zeiten der Freiheit
eine gewisse Sicherheit garantiert.

In der Bibel ist von einem Wunder die Rede,
wonach Jesus Wasser zu Wein verwandelte.
Vom aufgeklärten Menschen kommt sofort die
Widerrede:
So könnte man ja auch Wolle zu einem Seiden-
faden spinnen.

Burghauser Tagesgedichte

Regine Baumgärtel

Der Autor und Dozent Matthias Göritz schickte am 16. April 2020 an die Schreibgruppe von »Bayern liest«, die sich sonst in der Villa Stuck in München trifft, folgenden Vorschlag: Jeden Morgen gibt einer fünf Wörter in die Runde, dazu schreibt dann jeder ein Gedicht von nicht mehr als acht Zeilen.

Die Autorin hat mit Erlaubnis von Matthias Göritz den Impuls an ihre Burghauser Schreibgruppe weitergegeben – einige Beispiele wurden in den Sammelband aufgenommen.

Welche fünf Wörter waren es?

Der Chaoscomputerclub löst alle Probleme für Sie.
Nehmen Sie Platz
am chromblitzenden Cafétischchen
im virtuellen Raum.
Bitte vergessen Sie nicht,
sich vor dem Berühren der Tastatur
die Hände einzucremen.

Unerbittlich teilt Chronos dir deine Lebenszeit zu,
an der Corona nun nagt.

Nur derjenige, der sich vorsichtig und voller Umsicht dem Einlass nähert,

nur derjenige, dessen gesamte Vorder- und Rückansicht

einer genauen Sichtprüfung standgehalten hat,

nur derjenige, dessen sämtliche Unterlagen genauestens gesichtet wurden –

und nur dann, wenn die gesichtslosen Prüfer der Ansicht sind,

dass er sich einsichtig zeigt und bereit ist, Rücksicht zu nehmen –

dann, und nur dann wird für denjenigen der Sichtschutz entfernt

und die Sicht auf das Innere des Tempels, auf den Unsichtbaren, freigegeben.

Corona

Marion Capell

C   Chaos, China, Computer, Codierung
    Chance ist gekommen
    Charakter zeigen

O   Obacht, Obrigkeit, Opportunismus, Ordnung
    Operation gelingt nicht
    Orientierung fehlt überall

R   Ratlosigkeit, Reisen, Reifezeit, Richtungswechsel,
                             ruhig bleiben
     Ruhe kann nicht gewahrt werden
    Ruhelos sind die Menschen

O   Obdach, Ohnmacht, Oma, Opa
    Ozonmenge wird weniger
    Offen für alles an Nachrichten – gute und schlechte
    Offen kommunizieren

N   Natur, Nachbar, Normalität, Not
    Nachsichtig sein
    Nation verliert
    Nähe darf nicht sein

A   Angst, arbeitsfreie Zeit, Armut, Aufräumen, alles
                             auf Anfang
    Aggression kommt
    Abweichen von Gewohntem
    Anderen zuhören

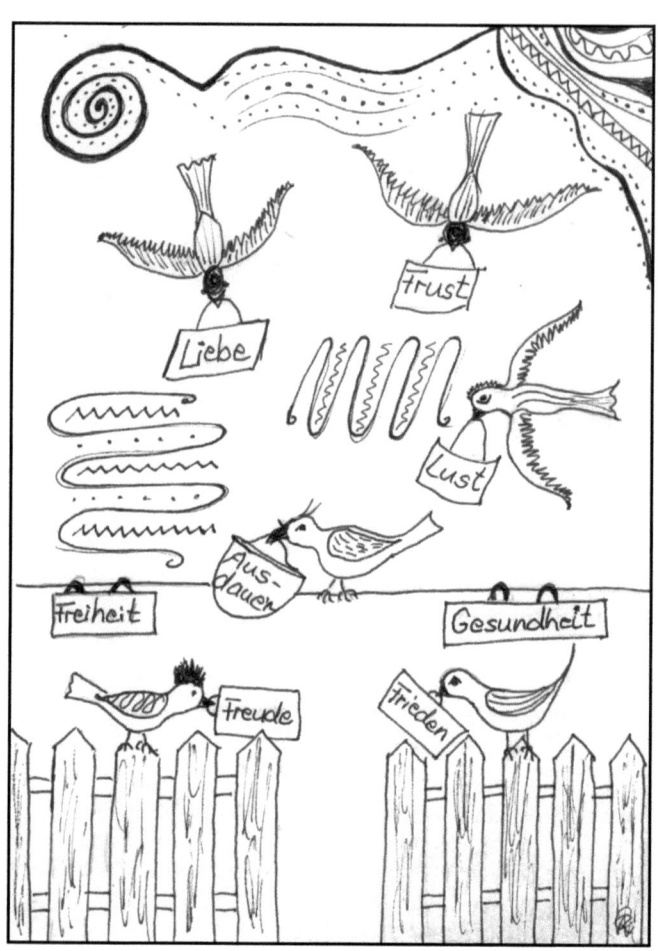

Lebenszeichen

Gina Dennehy

Der Mensch liebt das Leben.
Dunkle Naturgewalt zeigt sich
mit Blitz und Donnergrollen.
Der Mensch bleibt positiv.
Zu Hause ist Geborgenheit.
Der Mensch wiegt sich in Sicherheit.

Dinge laufen aus dem Ruder, sind außer Kontrolle.
Das Leben schwankt wie ein Schiff
in tosendem Gewässer.
Schreckensmeldungen aus aller Welt.
Ein Virus greift um sich.
Der Mensch steckt den Kopf in den Sand.

Soziale Distanz, Angst vor dem eigenen Schatten,
unsichtbare Gefahr. Egoistische Gier.
Egozentrik hat Hochkonjunktur.
Der Mensch ist nicht so, möchte nicht so sein.

Applaudieren für all die Helden,
die sich täglich in Gefahr begeben.
Der Mensch fühlt sich wohl
in einem Nest aus Ironie.
Der Mensch glaubt an das gute Karma.

Menschen verlassen uns,
Menschen kommen auf diese Welt –
wie schon immer und doch ganz anders.
Der Mensch kann es nicht aufhalten.

Die geschürte Angst dient dem Profit.
Die Wirtschaft muss florieren.
Wer hilft uns nun, wem geben wir die Schuld?
Der Mensch lebt aus dem Supermarkt.

Die Natur ignoriert den einen Ausreißer,
das Leben geht seinen Lauf.
Die Natur atmet kurz auf, regeneriert sich,
der Mensch bleibt mehr zu Hause.

Der Mensch muss mit sich
auf kleinstem Raum auskommen.
Nachts ziehen die Sterne über den Himmel.
Die Welt dreht sich weiter und weiter.
Manch einer wird verlieren im Meer der Ignoranz.

Mutter Natur bemüht sich um ein Gleichgewicht.
Flora und Fauna kümmern sich nicht darum.
Die Gezeiten wiegen das Meer, der Wind streicht
durch die Bäume, der Regen fällt,
die Sonne durchbricht strahlend die Wolken.

Ich steuere mein rosafarbenes Schiff,
betrachte das aufgeschäumte Meer,
wohne in meinem Wolkenschloss.
Träume nähren meine Seele.

Mein Zuhause und meine Familie
sind mein ganzer Halt.
Ich meide die Gefahr, warte ab,
lasse es mir gut gehen.

Ich liebe mein Leben.

Rendezvous mit Tante Theresa

Walburga Hütter

Tante Theresa, eine ehemals gefeierte Theater- und Filmschauspielerin, gilt, nach ihrer großartigen Karriere, auch heute noch als die Grande Dame des hiesigen Stadttheaters. Mit ihren 86 Jahren ist sie nach wie vor eine Dame der Gesellschaft und möchte auch als solche behandelt werden.

Jeden Donnerstag hole ich sie im Seniorenstift ab, um mit ihr im noblen Theatercafé, direkt an der Promenade, ein paar unterhaltsame Stunden zu verbringen.

Tante Theresa leidet an Demenz, und ihre Vergesslichkeit nimmt langsam, aber stetig zu. Trotzdem sind ihre Erzählungen, die hauptsächlich Theater und Film betreffen, lebhaft, spannend und sehr amüsant und lassen vor mir eine Welt entstehen, wie sie schriller und bunter nicht sein könnte. Wenn Tante Theresa von ihrem facettenreichen Leben als Schauspielerin, ihren Reisen, ihren Engagements in verschiedenen Städten, ihren unterschiedlichen Rollen im Laufe der Jahre, ihren mehr oder weniger berühmten Schauspielerkolleginnen und -kollegen und nicht zuletzt ihren zahlreichen Affären und Liebschaften erzählt, vergeht die Zeit wie im Flug.

Tante Theresa ist noch immer eine sehr gepflegte, attraktive Dame, trägt ihr Chanel-Kostüm mit Grandezza und zieht mit ihrem rotgefärbten Haar, den dunkel geschminkten Augen und den vollen roten Lippen wie in alten Zeiten viele Blicke auf sich. Als ehemalige Schauspielerin und Balletttänzerin weiß sie sich zu bewegen und schwebt wie ein bunter Schmetterling vor mir ins Theatercafé. Freundlich nickt sie nach allen Seiten und genießt sichtlich ihren Auftritt – wie jeden Donnerstag.

Herr Hans, der langgediente Oberkellner, drückt mir gleich am Eingang ein Formular in die Hand mit der Bitte, es auszufüllen. In Corona-Zeiten sei es leider nötig, die persönlichen Daten bekanntzugeben, entschuldigt er sich. Ich beantworte schnell die paar Fragen, während Herr Hans meine Tante zum Tisch geleitet, ihr den Sessel zurechtrückt und sich nach ihrem Wohlbefinden erkundigt.

»Ach«, seufzt Tante Theresa, als ich mich zu ihr setze, »der Herr Hans ist genau der Typ Mann, dem ich früher gerne eine Audienz gewährt hätte« – und zwinkert mir zu.

Ja, denke ich, ein Gentleman vom Scheitel bis zur Sohle, so etwas gefällt einer Dame von Welt.

Wie üblich verzehren wir unsere Sachertorte mit Schlagobers, einen Cappuccino und ein Gläschen französischen Cognac und unterhalten uns wie immer blendend. Herr Hans kommt nochmals an unseren Tisch, um auch die Daten meiner Tante, die ich in der Eile einzutragen vergessen hatte, zu erheben.

»Liebe gnädige Frau«, spricht er Tante Theresa an, »dürfte ich es wagen, Sie nach Ihrer Adresse und Telefonnummer zu fragen?«

»So, so«, säuselt Tantchen, »Sie Schlawiner«, droht Herrn Hans mit dem Zeigefinger und bittet mich, leicht errötend und mit einem Augenzwinkern, ihm doch die gewünschten Daten zu nennen. Hinter vorgehaltener Hand flüstert sie mir danach zu, dass sie einem kleinen

Flirt nicht abgeneigt sei und längst die bewundernden, ja begehrlichen Blicke des Herrn Hans bemerkt habe.

Zurück im Seniorenstift eilt Tante Theresa direkt auf zwei ihrer Mitbewohnerinnen zu, die plaudernd im Foyer sitzen.

»Ihr werdet es nicht glauben«, ruft sie aufgeregt, »heute hat mich ein toller Mann nach meiner Adresse und Telefonnummer gefragt. Ich war aber gar nicht überrascht, denn ich hatte längst bemerkt, dass besagter Herr ein Auge auf mich geworfen hat. Und, er ist genau mein Typ: attraktiv, intelligent, amüsant und ein Kavalier der alten Schule! Also wundert Euch nicht, wenn ich demnächst zu einem Rendezvous abgeholt werde!«

Lachend wirft sie mir noch eine Kusshand zu, während sie leichtfüßig, wie ein junges Mädchen, in Richtung Fahrstuhl enteilt.

Gespannt und voller Vorfreude wartete Tante Theresa die nächsten Wochen auf neuerliche Avancen des Herrn Hans – ihre Krankheit ließ sie aber auch diese Episode nach einiger Zeit wieder vergessen.

Ich habe ihr bis heute verschwiegen, dass es sich nicht um ein Rendezvous, sondern um eine notwendige Vorsichtsmaßnahme in Corona-Zeiten gehandelt hatte.

Vertrauen

Margit Prinz

Trau, schau, wem?
Schau, trau dem!
Das alles ist nicht angenehm.
Ihr wisst, ich spreche von DEM
Problem:

Wem kann man trauen?
Muss erst schauen.
Geht es hier um Macht?
Ist das durchdacht?

Folgt die Pfarrerstochter dem Gewissen?
Wer kann das wissen?
Wer hätte sonst den Mut, zu entscheiden,
wo liegt das größere Leiden?

Ist der Arzt zu überlastet,
und die Krankenschwester hastet,
gibt es keine Betten mehr,
wird die letzte Stunde schwer.

Hält dir niemand mehr die Hand,
nützt dir nichts der schöne Tand.
Es geht nicht ums Sterben,
sondern um den Geist, den wir vererben.

Wir haben die Schwächsten geschützt.
Das hat dem Menschsein genützt.
Wir haben noch viele Wochen,
hören die Ungeduldigen pochen.

Sie fordern ihr Recht
bis zum Gefecht.
Vertraue auf den Lauf der Zeit.
Die guten Dinge sind bereit.

Scheiß-Diktatur

Regine Baumgärtel

Wir leben nun schon so lange unter der Diktatur, dass nur noch wenige sich daran erinnern können, wie sich ein Leben in Freiheit überhaupt anfühlt.

Wir nehmen die Kameras nicht mehr wahr, die an jeder Kreuzung, jeder Straßenecke auf uns herabschauen, die jeden Schritt überwachen, jedes Mienenspiel registrieren.

Das gehört für uns einfach zum Leben dazu – genauso wie das Verschwinden eines Nachbarn, einer Arbeitskollegin, leise und unauffällig. Welcher Schritt in eine falsche

Richtung, welche ungeschickte Bewegung, welcher unbedachte Tweet zur Verhaftung geführt hat, erfährt niemand. Die Menschen sind für immer von der Bildfläche verschwunden, gleich ersetzt durch andere aus dem Millionenheer der nachwachsenden Bevölkerung. Jeder ist austauschbar.

Alles in dieser unserer Welt ist öffentlich, muss öffentlich dargelegt werden: jedes Telefongespräch, jeder Chat, alles, was du schreibst, sprichst oder liest – oder auch deine täglichen Verrichtungen.

Ob du am Fließband heute um zwei Zehntelsekunden langsamer bist als die anderen oder vor der Mittagszeit eine zweite Pinkelpause eingelegt hast. Sofort wird aus den unzähligen vorliegenden Daten herausgefiltert, ob du heute Morgen ungewöhnlicherweise eine dritte Tasse Tee getrunken oder gestern Abend dem Reiswein zu stark zugesprochen hast. Oder – und dann schrillen die Alarmglocken – ob du heute einen Drang zur vermehrten Stuhlentleerung verspürt hast. Alarm deshalb, weil das ein Anzeichen für eine aufkeimende Viruserkrankung sein könnte.

Seit der großen Lungenepidemie in den Zwanzigerjahren, die Millionen von Menschen das Leben gekostet hat, wird jedes Anzeichen einer nur im entferntesten möglichen Infektion gnadenlos weiterverfolgt. Der betroffene oder auch nur verdächtige Mensch verschwindet umgehend in Quarantäne. In dichtbesiedelten Gebieten können sich Viren in rasender Geschwindigkeit ausbreiten, wie man von damals weiß. Und seitdem unterliegt jede körperliche Äußerung – sei es Husten oder Schnupfen, seien es Blähungen oder Ausscheidungen jeglicher Art – striktester Kontrolle.

Die öffentlichen Toilettenanlagen, bei denen oben der Kopf und unten die Füße sichtbar sind, waren schon vorher in unserem Land zu finden – an Plätzen mit hoher Besucherfrequenz, beispielsweise vor Tempeln.

In Zeiten drohender Krankheitsausbrüche müssen die Menschen Toiletten benutzen, die im engsten Sinne als öffentlich zu bezeichnen sind. Zur Grundausstattung gehören zwingend die Zuschauerbänke für die Kontrolleure.

Die Zahl der Haftbefehle aus politischen Gründen ist in letzter Zeit stark angestiegen – wegen Befehlsverweigerung, wegen Delikten wie Urinieren im Hinterhof oder im eigenen Garten.

Die politische Führung hat dieser Tage stolz verkündet, dass eine Regulierung des Bevölkerungswachstums nun nicht mehr vonnöten sei – die Geburtenrate sei seit der konsequenten Eindämmung der Infektionsgefahr stark gesunken.

(1. März 2020, zu einem Bild von Frank Kunert)

Ruhig bleiben

Margit Prinz

Der Hund läuft ins Haus, schüttelt sich und
legt sich ins Frischgewischte.
Ruhig bleiben, ganz ruhig – nicht aufregen.

Es ist dunkel. Der Kleine ist noch nicht vom
Fußballtraining zurück.
Ruhig bleiben, ganz ruhig – nicht aufregen.

Der Große ist noch mittendrin in seiner Semi-
nararbeit. Morgen ist Abgabetermin.
Ruhig bleiben, ganz ruhig – nicht aufregen.

Der Kratzer im neuen Auto ist keine Tragik.
Ruhig bleiben, ganz ruhig, mein Schatz – nicht
aufregen.

Wenn ich einen Wunsch frei hätte

Jörg Eschenfelder

> Wenn ich einen Wunsch frei hätte
> Wenn ich
> einen Wunsch
> frei hätte
>
> Wenn ich
> wenn ich einen Wunsch
> wenn ich einen Wunsch frei hätte
>
> Wenn mein Wunsch frei hätte …

Was würde er machen? Würde er sich in die Lüfte erheben? Würde er davonfliegen? Oder würde er bei mir bleiben?

> Wenn mein Wunsch frei hätte …

Würde er sich eine Pause gönnen? Würde er sich zurücklehnen und ein Nickerchen machen? Oder würde er aufbrechen, durch den Wald spazieren? Die frische Luft einsaugen, dem Gezwitscher der Vögel lauschen, den Duft von frisch gemähtem Rasen einatmen?

Oder würde er sich, wenn er, mein Wunsch, frei hätte, sich einfach ausruhen? Dasitzen, einmal nichts tun, nichts erfüllen, nichts verhindern? Hätte er vielleicht eigene Wünsche, die der Wunsch an den Wunsch-Wunsch hätte?

Wenn ich einen Wunsch frei hätte …
Wenn mein Wunsch frei hätte … frei wäre

Wenn mein Wunsch frei wäre – wäre es noch mein Wunsch? Wem würde der freie Wunsch gehören? Wäre es der Wunsch aller? Oder würde der Wunsch nur dem Wunsch gehören? Hätte er einen Ober-Wunsch über sich? Hätte er eine Wunsch-Familie? Wunsch-Freunde?

Was wäre der freie Wunsch? Wäre er wunschlos glücklich? Kann ein Wunsch wunsch-los sein? Oder würde er sich dann auflösen?

Wenn ich einen Wunsch frei hätte …
Wenn ich einen Wunsch
Wenn ich
Wenn

Wenn es Wenn nicht gäbe, wenn es die Möglichkeit, diese Vorstellung, es könnte auch anders sein, nicht gäbe. Wenn es diese Sehnsucht, nicht im Hier und Jetzt zu sein, sondern in einem Wenn, in einem Paralleluniversum, in Nachbarsgarten und von seinem Kirschbaum naschend zu sein, nicht gäbe – wenn …

Was wäre, wenn es Wenn nicht gäbe? Wäre ich dann wunschlos? Gäbe es dann Unzufriedenheit mit dem Jetzt? Wäre ich dann wunschlos glücklich?

Geborgen, aufgehoben, gehalten im Hier und Jetzt. Wäre ich zufrieden? Oder wäre ich – befreit von den unendlichen Möglichkeiten, Illusionen und Träumen –

stumpfsinnig? Wäre ich ohne Wenn, ohne Wunsch ein glücklicher Mensch? Wäre ich ein Mensch, wenn ich mein Los einfach akzeptierte, hinnähme und erfüllte, ohne Traum und Vorstellung von einem anderen, einem besseren Leben? Ohne Sehnsucht? Ohne Ziel?

Wenn ich einen Wunsch frei hätte …

Wäre es das Ende der Wünsche oder nur der Anfang von weiteren, unendlichen Wünschen und Sehnsüchten? Der Anfang einer neuen Unzufriedenheit? Die Erfüllung als Quell neuer Qual?

Ach, wenn ich einen Wunsch frei hätte, dann wohl den, ihn einfach fliegen zu lassen, zu sehen, wohin er sich wendet, wie er sich in die Lüfte erhebt, seine Kreise zieht, seine Kapriolen schlägt; zu sehen, ob er von selbst wieder zu mir kommt, sich auf meine Schulter setzt und wir dann gemeinsam auf dem Berggipfel sitzen, schweigend beobachten, wie die Sonne in gleißendem Rot hinter den majestätischen Steinriesen verschwindet, wir beide fühlen, wie die laue Luft um unsere Nasen weht, wir schmecken, wie lecker der einfache Rotwein ist, und wir uns einig sind, wie schön das Leben doch jetzt schon ist.

Kleine Trennung und ein unerwartetes Geschenk

Ilse Hacker

Er sticht wieder in See, mit dem Kajak auf dem Salzach-fluss, der gemeinsam mit dem Inn und der Donau irgend-wann im Schwarzen Meer landet. Wir winken uns noch zu.

Er liebt das Wasserwandern – ich mehr das Wandern am Ufer, wandere in die andere Richtung, flussaufwärts.

Die weiten sanften Wiesen unter dem steilen Uferhang sind frisch gemäht. Glücklicherweise wird nach kurzer Zeit der grüne Rasen wieder bunt leuchtenden Wiesen weichen. Heute trifft sich die Insektenwelt am Rand des Rasens an den nicht gemähten, etwa einen Meter breiten blühenden vielfarbigen Polstern: ein eifriges Ankommen, Abfliegen, summende Bienen, Wespen und stille Fliegen, kleine hellblaue Schmetterlinge. Zwei große Fliegen erwi-sche ich in flagranti, direkt unter meinen Augen, ähnlich wie bei den Fröschen der kleinere Flieg auf der großen Fliege. An den dunkellilafarbenen Mäulchen mit pinkfar-benen »Zungen« an hohen Schäften schlüpfen vor allem die Bienen in einen Rachen, manchmal mit mehr Genuss, bei anderen schnell wieder weiter zum nächsten.

Ich trenne mich nicht gern von der Insektengroßstadt im Kleinen – trotz fehlender Verkehrszeichen und Ampel keine Unfälle –, auf dem Rückweg werde ich wieder vorbeikommen. Ich wandere mit Stöcken weiter, allein, klein in der Welt, an der schnell fließenden Salzach entlang, nach dem Regen in der Nacht wasserreich, mit abgerissenen Ästen im braunen, Erde transportierenden Wasser. Auf beiden Seiten grüne Hänge, über mir der Himmel blau und weiß, beste frische Luft, viel Leben und doch Ruhe – schön.

Immer wieder bleibe ich stehen an Blumen und Sträuchern, sehe mit Freude die lebende Vielfalt – schiebe die drängenden Gedanken an die Klimakrise zurück, an das Verschwinden vieler Lebewesen und daran, dass es früher viele verschiedene wunderschöne Schmetterlinge, mehr Bienen und Wildbienen und Käfer nicht nur gab, sondern auch zu sehen waren. Doch jedes Geschöpf erscheint mir ein Wunder zu sein, für mich besonders die kleinen, die man selten genau betrachten kann. Sie haben mehr Beine als wir, Flügel, Fühler, sie leben frei in der Welt – gut, nicht so lange wie wir Menschen, aber wohl ganz ohne Sorgen.

Plötzlich schwirrt um mich etwas großes Schwarzes – ah, ein Käfer. Er lässt sich tatsächlich auf meiner rechten Hand nieder – welche Freude: Er hat mich als Ziel gewählt, mich allein. Ich gebe es zu, eine humane Alternative gab es nicht für ihn, allerdings Blumen und Büsche schon.

Nun kann ich so nah seinen zweiteiligen Kopf sehen – oder doch ein winziger Kopf mit kräftigem beweglichem Nacken? Auf der Haut meiner Hand nickt er immerzu – leckt er Salz oder die Sonnencreme von der Haut? Er streckt die Fühler in alle Richtungen. Wenn ich ihn anhauche, zieht er einen schnell ein und dann auch den zweiten. Am nicht zu sehenden, aber sicher vorhandenen Mäulchen hat er noch winzige Werkzeuge, ähnlich wie ich sie bei Heuhüpfern gesehen hatte. Alles schwarz glänzend, die Flügel sind nicht ausgebreitet, und so ist er gar nicht groß, nur gut einen Zentimeter lang, nicht schmal. Die sechs zart befiederten, gegliederten Beine setzt er sehr gezielt auf – einmal, als er meine Hand genauer inspiziert, sogar die Hautfalte zwischen Daumen und Zeigefinger, spreizt er seine drei Zehen am hinteren Bein – er ist an Menschen, jedenfalls an mir interessiert – oder an der Sonnencreme.

Und dann läuft er gezielt auf den Stock in meiner Hand zu – er ist schwarz wie er selbst – ah, auf dem Stock lockt noch eine Zeichnung in vollem Rot. Ich sehe, das zieht ihn an, er krabbelt am Stock hoch. Plastik ist doch sehr glatt, er fällt, aber er probiert es noch zwei Mal. Dann fliegt er weg. Ich bleibe stehen, starr in Gedanken – und er kommt wieder auf meine Hand zurück! Ich fühle mich geehrt.

Nun gehe ich mit meinem Passagier auf der Hand weiter. Ich hoffe, dass er das genießt und bleibt. Und wirklich: Er bleibt! Nach einer Weile drehe ich um und gehe zurück – und gerade an dem meistangeflogenen Blütenparadies, das ich noch einmal beschauen wollte, macht er sich davon und kommt nicht wieder auf meine Hand.

Sein Besuch war ein freudiges Sommerabenteuergeschenk – eine wertvolle lange halbe Stunde, die in meiner Erinnerung bleiben wird.

Sehnsuchtsort

Walburga Hütter

»Oft schätzt man etwas erst richtig, wenn man es nicht mehr hat.« Diese Binsenweisheit kommt mir zurzeit immer wieder in den Sinn, wenn wir spontan etwas unternehmen möchten und uns dann einfällt, dass sich das Geplante aufgrund der Corona-Maßnahmen leider nicht verwirklichen lässt.

Besonders vermissen wir beide, mein Mann und ich, unser langjähriges Stammlokal, das sich im jetzt so fernen Ausland befindet, in Wirklichkeit aber nur wenige Kilometer weg im angrenzenden Nachbarland liegt.

Unser Lieblingsrestaurant besuchen wir besonders gerne im Sommer, weil es dann mit einem gemütlichen Gastgarten, mit Blick auf die wunderschöne Altstadt, aufwartet. Das sehr gepflegte Ambiente spricht einen sofort an: die Tische gedeckt mit Stoffservietten, sauber blitzendes Besteck und eine Vase mit frischen, duftenden Blumen in der Tischmitte – dazu der stets höfliche Kellner, der uns beim Eintreten begrüßt, uns zum Tisch geleitet und sich nach unserem Befinden erkundigt, uns die Speisenkarte reicht und uns auf die Tagesempfehlung aufmerksam macht.

Andere Gäste, die wir schon öfter hier getroffen haben, nicken uns freundlich zu und grüßen zu unserem Tisch herüber. Die Chefin des Hauses heißt uns herzlich willkommen und wünscht »Guten Appetit«.

Wie immer, wenn wir hier sitzen, fühlen wir uns rundum wohl und freuen uns auf das, was nun kommen wird.

Schon beim Blick in die Speisenkarte läuft uns das Wasser im Mund zusammen, und sich für eine der angeführten Köstlichkeiten entscheiden zu müssen, fällt uns schwer: die Perlhuhnbrust mit Zitronenreis, den frischen Spargel mit Butterkartoffeln und Sauce hollandaise, die Schweinemedaillons mit Pfifferlingsauce und hausgemachten Spätzle, das Wienerschnitzel vom Kalb mit Petersilienkartoffeln und Preiselbeeren, das Zanderfilet mit Gemüse der Saison und Safransauce, der Salatteller mit köstlichem Dressing und Putenstreifen oder Räucherlachs – wer die Wahl hat, hat die Qual.

Wird das Ausgewählte serviert, genießen wir mit allen Sinnen, speisen langsam und mit Bedacht, um den Genuss voll auszukosten.

Erstklassige, zum größten Teil regionale Lebensmittel werden hier verwendet, geschmackvoll und sorgfältig zubereitet und appetitlich auf weißem Porzellan angerichtet.

Und schon stehen wir wieder vor der Wahl: Apfeltarte, Streuselkuchen, Käsesahnetorte, Marillenstrudel oder Tiramisu bieten sich an. Der Blick in die Eiskarte mit all den cremigen und fruchtigen Verführungen erschwert uns die Dessertwahl noch mehr, aber etwas Süßes zum Schluss, das muss einfach sein und macht restlos glücklich.

Stets verlassen wir zufrieden und gesättigt, begleitet von einem herzlichen »Bis zum nächsten Mal« des Kellners, das Restaurant und freuen uns tatsächlich schon auf unsere nächste Einkehr.

Seit Monaten ist uns nun der Besuch unseres Lieblingslokals verwehrt, und wir können es kaum erwarten, bis die Grenzen in unser Nachbarland offen sind und wir uns an unserem kulinarischen Sehnsuchtsort endlich wieder verwöhnen lassen können.

Sehnsuchtsort:
Mit dem Heißluftballon
über dem Grand Canyon

Marion Capell

Ein Traum meiner Jugend – bis heute unerfüllt, und das wird er bleiben. Aber auch er wird bleiben, mein Traum.

Viele Träume konnte ich mir erfüllen beziehungsweise wurden mir erfüllt. Ja, ich hatte ein erfülltes Leben, war viel unterwegs, habe einiges von der Welt gesehen und weltweit Freundschaften geschlossen, die bis heute andauern.

Diese Beständigkeit und all meine Erlebnisse »guter Tage« lassen mich mit Demut und Zufriedenheit schlechtere Zeiten überstehen. Ich möchte nirgendwo anders sein als dort, wo ich bin. Ich bin angekommen – und mit mir meine Träume …

Der Sehnsuchtsort, an dem ich gerade nicht sein kann

Ulrike Ott

Im Herbst wird meine Mutter 90 Jahre alt. Um mit ihr ihren Geburtstag zu feiern, möchte ich gerne zu ihr fahren. Sie lebt im Norden unseres Landes und ich im Süden. Ein weiter Weg, eine tagelange Zugfahrt oder mehrstündige Autofahrt.

Wie oft darf ich sie noch sehen? In meinem Leben? In ihrem Leben? Ich will ihre Stimme nicht nur über das Telefon hören, sondern ihr persönlich gegenübersitzen, ihre Nähe spüren, in ihre Augen blicken und ihren Worten lauschen.

Es sind schon wieder sechs Monate vergangen, seitdem ich mit ihr einige Tage verbracht habe. Ein Wiedersehen mit meiner Mutter ist stets eine Erinnerung an meine Kindheit, meine Zeit als junges Mädchen und junge Frau. Eine Erinnerung an Höhen und Tiefen meines jungen Lebens. Erinnerungen an Differenzen zwischen Mutter und Tochter bezüglich Lebensansichten wie Auswahl von Freunden, beruflichen Entscheidungen oder Freizeitgestaltung. Erinnerungen an Dinge, Orte, Begegnungen und Menschen, die es nicht mehr gibt. All' diese Erinnerungen sind verbunden mit der Sehnsucht, hier und jetzt zusammen sein zu können: sich zu sehen, zu umarmen und zu spüren, wieder einzutauchen in die Mutter-Tochter-Welt. Doch alles dies lässt Corona nicht zu.

Wenn endlich eine Reise zu meiner Mutter wieder möglich ist, könnte ich auch meine Sehnsucht stillen, alte Stätten meiner Jugend aufzusuchen und meine langjährige Freundin wiederzusehen. Wir zwei kennen uns länger, als unsere Ehemänner uns kennen. Diese Freundschaft ist etwas Besonderes und währt nun schon 63 Jahre.

Wenn ich mir all die Sehnsüchte erfüllt und den altbekannten Raum von Menschen und Orten verlassen habe, tauche ich wieder in meine wohlvertraute Welt des Alltags ein. Dabei bin ich glücklich und zufrieden, weil ich spüre, dass meine Entscheidung, von meinem Geburtsort in die damalige, für mich noch fremde Welt Bayerns zu gehen, richtig war. Das Fremde, das unbekannt war, war eine Sehnsucht – und nach dem bekannten Alten sehne ich mich weiterhin. So bleibt die Sehnsucht nach meiner Mutter erhalten, und ich hoffe, dass Corona ein Wiedersehen bald »erlaubt«.

Kommunikationsunfall

Ilse Hacker

Die Vorgabe war, aus den zufällig gezogenen Wörtern »Winter, Gips und Papier« eine kleine Geschichte zu schreiben.

Es war Herbst – Zeit, den Garten für den Winter zu rüsten. Die farbliche Gestaltung des Blumenbeetes an der Terrasse im kommenden Frühling stand auch schon auf dem Plan.

Im Einkaufscenter fand ich neue Tulpenzwiebelkreationen, die ich gern einmal in kleinen Mengen einsetzen wollte. Manchmal versprechen sie mehr, als sie halten. Deshalb deckte ich mich vor allem mit den immer beliebten halbhohen hochroten Tulpen und weißgelben Märzenbechern ein.

Beim Studieren der Zwiebeltüten vergaß ich die Zeit und auch, den großen Einkaufswagen etwas zur Seite zu stellen. Plötzlich schlug der hochbepackte Einkaufswagen eines Käufers mit Schwung dagegen. Es prasselte, und einiges fiel zu Boden – darunter eine der gestapelten Gipstüten. Das verursachte einen weißen Gipsschneesturm und ließ uns alt und grau aussehen.

Wir begannen uns abzuschütteln, abzuklopfen und husteten, als wäre die Grippe ausgebrochen. Eine Verkäuferin kam eilig mit einer Papierrolle herbei, um uns die Möglichkeit zu geben, dem normalen Aussehen wieder näherzukommen. Bevor der geschädigte Herr sprach, entschuldigte ich mich und bot an, ihm die Kosten zu ersetzen.

Als unsere Gesichter wieder normale Farbe annah-
men, stellten wir erstaunt fest, dass wir ja alte Bekannte
waren, zwar nur über zwei Ecken und über andere Freun-
de bekannt, aber immerhin. Nun sprachen wir darüber,
dass wir gerade dabei waren, das Rentenalter zu erklim-
men und lernen wollten, mit mehr Ruhe für Haus und
Garten zu sorgen.

Durch den ungewollten Unfall im Kaufhaus fühlten
wir uns angeregt und verabredeten uns zu einem weiteren
Schwätzchen bei Kaffee und Kuchen.

Das Nichts

Jörg Eschenfelder

»Mir fällt nichts ein«, sagte der Erfinder zu seinem Freund.

»Das macht doch nichts«, sagte der. »Dann hast Du keine neuen Probleme.«

»Aber das ist ein Problem«, sagte der Erfinder.

»Aber ein bekanntes. Ihr kennt Euch schon. Ihr wisst, was Ihr aneinander habt, was Ihr von Euch erwarten könnt.«

Sie saßen schweigend da. Im Ofen knackte das Holz. Der Nachtwind pfiff im Kamin.

»An was denkst Du?«, fragte nach einer Weile der Erfinder.

»An nichts.«

»Das geht doch nicht. Jeder denkt doch immer an irgendetwas.«

»Ich denke an nichts«, sagte der Freund.

»Aha. Dann denkst Du also doch.«

»Dann denke ich also das Nichts.«

Der Erfinder blickte in die Glut.

»Und? Wie ist es?«, fragte der Erfinder.

»Ruhig, beruhigend, friedlich«, sagte sein Freund.

»Macht es Dir keine Angst? Da fehlt doch etwas. Da ist doch kein Halt, keine Grenze, nichts Festes.«

»Da ist aber auch nichts Begrenzendes; kein Druck, kein Müssen.«

Sie schwiegen erneut. Eine Eule zog draußen im Mondschein ihre Kreise. Auf dem Feld saß eine Katze und starrte geduldig auf ein Mauseloch. Wolken zogen immer wieder vor dem Mond vorbei.

»Kann Nichts Glück sein?«, fragte der Erfinder.

Er bekam keine Antwort.

Der Erfinder blickte sich um. Sein Freund war nicht mehr da. Er stand auf und ging in den Flur. Auch die Schuhe und der Mantel seines Freundes waren weg. Innen lag der Riegel vor der Haustür.

Der Erfinder ging in die Stube zurück. Auch das Weinglas des Freundes war weg. An der Wand fehlten die Bilder, die ihm sein Freund gemalt und geschenkt hatte. Sie waren weg. Leere Flecken blickten ihn an. Auch auf den Fotos waren Leerstellen. Die Erinnerungen an ihre gemeinsame Tour auf den Mont Blanc, beim Angeln oder in New York – überall war nur noch der Erfinder und lächelte in die Kamera.

Fledermäuse kreisten um den Kamin.

Der Erfinder stand in der Stube und blickte sich um. Alles war weg. Nichts war mehr da. Und mit jedem Blick, mit jedem Suchen, mit jedem Gedanken verblassten die Erinnerungen an den Freund, löste er sich in Nichts auf.

Der Morgen graute. Die Haustür wurde geöffnet. Seine Nichte kam in die Stube. Der Erfinder stand immer noch in der Mitte und hatte ein unergründliches Lächeln auf den Lippen.

»Alles in Ordnung?«, fragte die Nichte.

»Ja, ja.«

»Und? An was denkst Du?«

»An – Nichts.«

Das Nichts

Ulrike Ott

Etwas ist mehr als NICHTS.
Dumm geboren und nichts dazu gelernt.
Taugenichts. Tunichtgut.
Nichts verändert sich.
Ich will nichts hören.

Nichtsdestotrotz.
Wäre mir nie eingefallen.
Nix und ebbs (etwas).
Sein und nicht sein.

Nichtsnutz.
Das Nichts ist schwarz.
Ich weiß, dass ich nichts weiß.
Es geht um nichts.

Wie aus dem Nichts.
Es ist nichts passiert.
Sag bloß nichts.
Er stürzt ins Nichts.

Vom Glück des Nichts.
Ich glaube nichts.
Nichts erwartet mich.
Mir nichts, dir nichts.

Ein Tag im Büro

Jörg Eschenfelder

Ich saß in meinem Büro. Draußen rauschte der Verkehr. Sein Lärm drang wie ein Staubsauger aus der Nachbarwohnung zu mir.

Eine Fliege umschwirrte mich.

Seit Stunden, wenn ich ehrlich bin, seit Tagen hatte sich niemand mehr in mein Büro verirrt. Die Türglocke hing tot und leblos herab wie ein Segel bei Flaute.

Ich hatte es nicht anders erwartet. Ich rechnete auch nicht damit, dass sich eine Seele in mein Büro verirren würde. Doch es war zu früh, um heimzugehen. Auch für einen Drink war es noch nicht die richtige Zeit. Und so saß ich weiter da und verscheuchte die Fliege.

Das Klingeln des Telefons riss mich hoch. Ich hob ab.

»Entschuldigung, ich habe mich verwählt!«, sagte eine Stimme, ehe ich mich räuspern konnte. Ich lauschte dem Freizeichen ähnlich interessiert wie der Wettervoraussage für das andere Ende der Welt. Als der Wettermann bei den Aussichten für morgen ankam, legte ich auf.

Das Segel über meiner Tür schepperte verstimmt. Ich blickte auf. Ein Kopf kam zur Tür herein und blickte sich mit unruhigen Augen um. Die Augen waren groß und rund und ich wäre nicht überrascht gewesen, wenn sie auf den Boden gefallen und zu mir gerollt wären.

Der Boden meines Büros war so abgenutzt, rissig und staubig wie mein Leben.

Die Augen blieben aber in dem Gesicht, das verschwitzt und speckig war. Der Kerl, der zu den Augen gehörte, hatte nur noch ein paar einzelne Haare auf dem rosigen Kopf. Er war klein, ging schief und blickte ständig von links nach rechts. Seine Hände kneteten seinen Hut, dessen braune Krempe ganz dunkel war. Ich vermute, es kam von seinen schweißnassen Händen. Draußen hatten die Mädchen bei der Hitze, die seit Tagen herrschte, nur das Nötigste an. Seine Krawatte war offen und hing schief. Und sein Hemd war nur halb in seiner Hose.

Er schlüpfte in mein Büro, schloss sachte die Tür und setzte sich in den Stuhl vor meinem Schreibtisch.

Ich blickte auf die Wanduhr: Zeit für einen Drink.

»Sie müssen mir helfen!« Seine Stimme war überraschend fest und befehlsgewohnt. »Ich habe Arbeit für Sie.«

»Und ich Feierabend.« Ich stand auf.

»Jetzt nicht mehr.« Seine Augen hatten ein Ziel gefunden: mich.

Ich setzte mich und lauschte seiner Geschichte.

Als er fertig war, war die Sonne längst auf der anderen Seite der Kugel, auf der wir für kurze Zeit vegetieren – zumindest die meisten von uns. Manche schaffen es, aus der kurzen Zeit ein richtiges Leben zu machen. Mir gelingt es immerhin manchmal, von Zeit zu Zeit; in letzter Zeit allerdings immer seltener. Ihm war es noch nie gelungen – und wird es wohl auch nicht mehr gelingen. Ich war mir nur noch nicht sicher, ob es an ihm oder an seinen Mitmenschen lag.

Das Gebäude war seit Stunden leer. Hier blieb niemand länger als nötig. Wir waren die letzten Menschen in diesem Quader aus Stahl, Glas und Beton. Die Straßenlaternen tauchten mein Büro in ein düsteres Licht. Er war nur noch schemenhaft zu erkennen. Das Weiß seiner Augen strahlte dadurch umso deutlicher.

Ich nickte. Dann saßen wir da und warteten.

Der Verkehr hatte merklich nachgelassen. Ab und zu erklang das unsichere Lachen einer jungen Frau, die gerade mit einem neuen Kerl auf dem Heimweg und froh war, die Nacht in dieser Stadt einmal nicht allein verbringen zu müssen.

Ich holte meine Flasche und zwei Gläser aus den Tiefen meines Schreibtisches und schenkte uns zwei Drinks ein. Er kippte seinen hastig hinunter. Ich schenkte ihm nach und zündete mir eine Zigarette an.

Ein Wagen hielt vor meinem Büro.

Auf dem Gang näherten sich Schritte. Schwere Schritte. Kraftvolle Schritte. Ich drückte meine Zigarette aus und leerte mein Glas.

Die Schritte hielten vor meiner Tür.

Er starrte mich an.

Ich nickte.

Er seufzte leicht und ließ sich zur Seite fallen.

Ich zog meine Pistole und schoss auf meine Bürotür. Drei Mal. Dorthin, wo ein Mann mit solch schweren Schritten normalerweise seinen Kopf, seine Brust und seinen Bauch hat.

»Danke!«, hauchte er.

Wir verschwanden durch die Hintertür.

Hätte ich damals gewusst, was mich dahinter erwartete, hätte ich nicht auf die schweren Schritte, sondern auf ihn und seine schweißglänzende Stirn geschossen.

Jugendtraum

Daniela Clausen

Frau Wischnewski war eine unauffällige Person, wenn man von ihrem Gewicht absah. Meist versteckte sie ihren fülligen Körper unter weiten Kleidern in gedeckten Farben, das Doppelkinn vergrub sie in einem bunten Schal, der laut Modetipp einer Frauenzeitschrift »die Silhouette strecken« sollte.

Sie wohnte allein in einer kleinen, plüschigen Altbauwohnung, die sie jeden Nachmittag in Richtung Theater verließ, und in die sie erst spät in der Nacht zurückkehrte.

Frau Wischnewski arbeitete gerne im Theater, auch wenn sie mit den Darstellern und Künstlern so gut wie nie in Kontakt kam. Abend für Abend stand sie in der Garderobe der Besucher, hängte Mäntel auf, teilte Plaketten aus, lächelte die Menschen an – und wurde meist nicht wahrgenommen. Auch ihre Kollegen konnten wenig mit ihrer ruhigen, zurückgezogenen Art anfangen, und so endeten die vorsichtigen Versuche einer Konversation meist im Schweigen.

Frau Wischnewski war deswegen weder verbittert noch traurig. Sie begnügte sich mit dem Beobachten von Menschen und lauschte lieber den Gesprächen um sich herum, als sich selbst daran zu beteiligen.

Ihre Leidenschaft gehörte dem Tanz. Nachdem die Besucher sich nach dem Ertönen der Klingel in den Vorstellungsraum zurückgezogen hatten und die Türen geschlossen waren, schlüpfte sie fast lautlos in den abgedunkelten Raum und verfolgte dort fasziniert den tänzerischen Ausführungen auf der Bühne. Es störte sie nicht im Geringsten, dass sie viele Stücke mehrmals in der Woche zu sehen bekam. Vielmehr sah sie dies als Chance, sich die Schrittabfolgen zu verinnerlichen, und erkannte sofort, falls einer der Künstler buchstäblich aus der Reihe tanzte.

Schon als kleines Mädchen hatte Frau Wischnewski von einer Karriere als Primaballerina geträumt und heimlich vor dem Spiegel getanzt. Von ihrer Mutter konnte sie keine Unterstützung erwarten, und mit den Jahren arbeitete auch ihre Körperstatur ihrem Lebenstraum entgegen.

In ihrer Anfangszeit im Theater hatte Frau Wischnewski sich oft vorgestellt, wie eine der Tänzerinnen ausfiele und sie, dank eines glücklichen Zufalls, als Ersatzballerina die Vorstellung retten würde. Doch mit der Zeit wurde ihr klar, dass diese Art von Zufällen nur in Romanen und Filmen vorkam. Und sie begrub ihre Hoffnung, jemals auf der darstellenden Seite des Orchestergrabens zu stehen.

Eines Nachts – es ging bereits auf Heiligabend zu, und der Garderobenflur roch nach schneenassen Mänteln und kaltem Foyer – übersah Frau Wischnewski die Uhrzeit. Als sie das Gebäude verlassen wollte, waren bereits alle Ausgänge fest verschlossen. Sie wusste: Sollte sie versuchen, über einen der Notausgänge ins Freie zu gelangen, würde sie unweigerlich die Alarmanlage auslösen, und binnen weniger Minuten wäre die Polizei vor Ort. Sie beschloss, sich ein bequemes Plätzchen für die Nacht zu suchen, die morgendliche Probe abzuwarten und sich anschließend aus dem Gebäude zu schleichen.

Sie schmunzelte noch über ihr Missgeschick, als ihr Blick auf den Bühnenaufgang fiel. Die Tür war nicht verschlossen, und so betrat die Garderobenfrau zögernd die Bühne, die noch schwach beleuchtet war. Der zurückgezogene Vorhang gab den Blick auf den leeren dunklen Zuschauerraum frei. Reglos stand sie auf der Bühne, bis sie, zunächst kaum wahrnehmbar, dann immer deutlicher die ersten Takte von »Carmen« hörte und sich im Takt der Musik zu wiegen begann.

Zunächst noch zaghaft, doch zunehmend mutiger werdend, setzte sie ihre Füße, bewegte ihren Körper und die Arme so, wie sie es jahrelang genauestens studiert hatte. Und wäre ein Zuschauer oder Choreograf zugegen gewesen, er wäre erstaunt über die unerwartete Anmut und die nahezu fehlerfreie Darbietung, die Frau Wischnewski bot.

Sie tanzte sämtliche Choreografien, sämtliche Ballettstücke, die ihr durch den Kopf gingen – und mit jedem Schritt fühlte sie sich leichter und befreiter, meinte, ihr würden Flügel wachsen.

Gegen Morgen zog Frau Wischnewski sich erschöpft ihren Mantel über, sorgsam darauf bedacht, ihre neu erworbenen Flügel nicht zu beschädigen, und schlüpfte in einem unbeobachteten Moment durch den mittlerweile geöffneten Ausgang.

Liebe in der Savanne

Jörg Eschenfelder

Afrikanische Savanne. Die Luft flirrt in der Sonne. Die trockenen Gräser schwanken im leichten Wind.

Ein zunächst leises, aber stetig anschwellendes Trampeln bringt den Boden zum Vibrieren. Aus dem Vibrieren wird unter dem donnernden Galopp unzähliger Hufe ein Beben.

»Schnell!«, ruft ihr Führer, den es aus Europa hierher verschlagen hat, und deutet auf den Baum vor ihnen.

Noch ehe sie weiß, was er möchte, zerrt er sie an der Hand zum Baum, schwingt sich auf den untersten Ast und zieht sie hoch. Sie klettern immer höher in die laubarme Krone und klammern sich an den Ästen fest.

Das Beben des Bodens steigt den Stamm hinauf und lässt die Äste vibrieren.

Eine Staubwolke erhebt sich, kommt näher. In der Staubwolke ist langsam eine Antilopenherde zu erkennen, die keuchend und dampfend unter dem Baum vorbeihetzt, gefolgt von lautlosen, mit offenen Mündern jagenden Hyänen.

Ein wildes Getrampel.

Der Staub der Savanne steigt bis in die Baumkrone hoch, bis in die Nasen und Münder. Die Sicht wird trüb. Schemenhaft sind in der nebeligen Masse ungeordnete

Bewegungen zu erahnen. Der Donner ebbt ab; die Herde sucht das Weite. Der Staub legt sich.

Unweit des Baumes liegt in dem zertrampelten Gras eine Antilope. Ihre Muskeln zittern unter dem schweißglänzenden Fell. Die Augen sind weit aufgerissen. Sabbernde Hyänen umkreisen sie lauernd, springen immer wieder vor und zurück, bis eine ganz vorspringt, ihre gelben Zähne in das zuckende Fleisch rammt und einen blutenden Fetzen herausreißt. Der Bann ist gebrochen. Am Rande lassen sich Geier nieder und schauen geduldig zu.

Sie erschaudert und muss an die Sommernacht in Paris denken, als sie durch die regennassen Straßen gingen: Sie barfuß, nur mit ihrem champagnerfarbenen Seidenkleid über ihrem Körper; er im stilvollen Anzug mit einem traurigen Blick. Ihre Schritte waren schwer. Das Gespräch war schon lange verstummt.

Ein Auto überholte sie, fuhr durch eine Pfütze, spritzte Wasser auf und entfernte sich.

Die Stille der Nacht kehrte zurück. Sie hatten sich nichts mehr zu sagen. Dabei hätte sie so viel zu sagen, zu brüllen und zu schreien gehabt. Doch ein Blick in seine Augen ließ sie verstummen.

Alles überschlug sich in ihr, geriet durcheinander, ergriff gleichzeitig Besitz von ihr: die Gefühle, die Erinnerungen, die Gespräche, die Berührungen – mal laut, mal leise, mal stürmisch drängend, dann wieder zärtlich und fein. Alles erstarb in seinen unendlich tiefen Augen – auch sie.

Sie kamen zu ihrer Haustür. Ein stummes Nicken, ein kurzes Zögern. Ihre Wege trennten sich endgültig in jener regennassen Sommernacht in Paris.

Jetzt sitzt sie hier mit dem fremden Europäer auf dem Baum.

Er sieht ihren Blick, der auf den beginnenden Tanz der Hyänen zu ihren Füßen gerichtet ist.

Mit einem langgezogenen, kehligen Schrei springt er vom Baum und stürmt auf die Hyänen zu. Mit seinem wilden Gebrüll vertreibt er sie; die Geier heben kurz ab, suchen etwas Abstand und lassen sich immer noch in Sichtweite wieder nieder. Brüllend läuft er um den staubbedeckten, immer noch zuckenden Leib der Antilope. Plötzlich hält er inne, zückt seine Machete und hebt sie in die Luft. Sein Brustkorb pumpt vor Anspannung. Dann lässt er das funkelnde Buschmesser mit einem tiefen Schrei herabsausen und trennt mit einem schmatzenden Hieb den Kopf vom Rumpf. Er packt den Antilopenkopf bei den Hörnern, schwenkt ihn jauchzend über sich. Seine langen Haare wirbeln um sein rohes Gesicht. Blut tropft aus dem Hals, spritzt und vermischt sich mit seinem Schweiß. Seine Stimme ist rau und kehlig. Seine Bewegungen sind ein animalischer Tanz – der Tanz eines Derwisches.

Ihre Blicke treffen sich. Seine Wildheit fällt so plötzlich von ihm ab, wie sie von ihm Besitz ergriffen hatte. Seine Stimme wird sanft, seine Bewegungen werden langsam und weich.

Sie gleitet vom Baum und kommt auf ihn zu. Ihre Blicke haben sich ineinander verkeilt. Sie umkreisen sich, nähern sich, einer lautlosen Melodie folgend, sachte an. Sie strecken sich die Hände entgegen. Die Fingerspitzen berühren sich, fahren auseinander und finden wieder zueinander. Zuerst nur die Spitzen, dann die Kuppen. Ihre Hände berühren sich, streicheln einander.

Ihr zarter Duft steigt in seine Nase. Sie riecht seine gezügelte Wildheit.

In dem Baum lassen sich kleine Vögel nieder. Schmetterlinge umkreisen die beiden. Ein zarter Windhauch kommt auf, streicht sachte über die Savanne. Die Sonne taucht das Land in ein warmes, weiches Licht.

Seine Hand fährt ihren Arm hinauf und umfasst sie in der Taille. Sie schmiegt sich an ihn, lehnt ihren Kopf an seine Schulter. Sie küssen sich und sinken, im Kuss vereint, neben der kopflosen, dampfenden, ausblutenden Antilope in den Staub.

Später, als die Nacht schon fortgeschritten war, tanzt sie mit einem Weinglas in der Hand um den Pool. Ihr Seidenkleid umspielt im Licht der Fackeln ihren Körper. Sie summt und wiegt ihre Hüften zu der Musik. Sie ist glücklich.

Auf dem Spieß über dem Feuer brutzelt die Antilope, in deren Schatten sie sich erstmals geliebt hatten. Sein warmes, festes, salziges Fleisch und der Duft des warmen Blutes hatten sie erlöst. Endlich! Ihr finaler Schrei hatte die Vögel in den Bäumen und die nahenden Geier aufgescheucht.

Sie dreht sich zu der Musik, springt in die Luft, landet auf ihren Ballen, wirft ihren Kopf herum. Sie singt und lacht. Sie ist frei.

Er steht am Feuer, dreht den Spieß und trinkt sein Bier aus der Dose. Er lächelt.

Sie hatten sich im Tanz des Antilopenkopfes gefunden.

Es sollten noch viele Tänze folgen. So viele, dass der Markt für Antilopenköpfe einbrach und sich nie mehr davon erholte.

Der Schlüssel

Wolfgang Fauska

Als kleiner Junge liebte Robert es, seinen Großvater, der ganz in der Nähe seiner Eltern in einem großen Haus mit vielen Zimmern und verwinkelten Gängen wohnte, zu besuchen. Während seiner Besuche spielte der Großvater gern mit ihm und holte gelegentlich eines seiner zahlreichen Sammlerstücke aus einem der vielen Holzschränke hervor. Darunter fanden sich seltsam geformte Muscheln, leuchtende Bernsteinstücke oder graue Lavasteine. Ein anderes Mal gingen sie in einen Raum, der bis an die Decke mit Skeletten verschiedenster Wirbeltiere vollgestellt war. Zu jedem dieser Exponate konnte Opa eine Geschichte erzählen. Mit großem Staunen folgte Robert seinen Ausführungen.

Opa erlaubte Robert, sich im ganzen Haus umzusehen, nur einen Raum unter dem Dach durfte er nicht betreten. Das war auch gar nicht möglich, denn die schwere Tür zu diesem Raum war stets verschlossen. Der Großvater ermahnte Robert wiederholt eindringlich, den Raum ja nicht zu betreten.

An einem kühlen Herbsttag kam Robert wieder einmal zu Besuch, und zusammen blätterten sie in einem Album, das Schilderungen einer Expedition in Mittelamerika wiedergab. Opa erzählte ihm von den unermesslichen

Goldschätzen des damaligen Inkareiches, die goldgierige Eroberer aus Europa in Scharen anlockten.

Während seiner Erläuterungen klingelte es plötzlich an der Haustür: Ein Nachbar stand draußen und bat Opa um eine kleine Hilfe. Opa sagte bereitwillig zu und ließ den Jungen im Zimmer zurück. Das Albumschauen machte allein keinen großen Spaß, und so sah sich Robert nach einer Weile im Zimmer um. Ein paar alte Uhren standen auf einem Podest, ein Fernrohr und ein Zirkel lagen auf einem Tisch daneben. In einer Ecke des Raumes stand eine große Vitrine. Der obere Teil war mit Glastüren versehen, der untere Teil enthielt eine Reihe von Schubläden. Er spielte mit den Griffen aus Messing und zog dabei eine der Schubläden auf. Im ersten Moment schien es, als wäre die Schublade leer. Als er sie allerdings ganz öffnete, sah er im hinteren Eck einen schweren Schlüssel mit einer seltsamen Form liegen. Nun, ein Schlüssel halt, dachte er zunächst und wollte die Schublade schon schließen.

In einer spontanen Eingebung hielt er jedoch inne, griff nach dem Schlüssel und drehte ihn gedankenverloren zwischen den Fingern. Da schoss es ihm blitzartig durch den Kopf: Das könnte der Schlüssel zu dem Zimmer im Dachboden sein!

Eigentlich dürfte er ja nicht, aber der Reiz des Verbotenen war zu stark, um der aufkommenden Versuchung widerstehen zu können. Er nahm den Schlüssel, schlich aus dem Zimmer, horchte im Flur noch einmal in Richtung zur Haustür hin und lief auf leisen Sohlen nach oben, bis er an der Tür des Dachbodenzimmers stand. Er lauschte angestrengt, ob der Opa schon was gemerkt haben könnte und nach ihm suchen würde. Nein, es war ganz still im Haus.

Vor Aufregung zitterten Roberts Hände so stark, dass er den Schlüssel kaum in das Schloss stecken konnte. Dann endlich, mit einem schnarrenden Laut öffnete sich das Schloss. Er schob die schwere Tür auf und betrat vorsichtig den Raum. Zu seinem großen Erstaunen war der Raum vollkommen leer, und es war unheimlich dunkel. Kein Schrank, kein Tisch, kein Stuhl. Enttäuscht wandte sich Robert zum Gehen. Da hörte er eine leise, fistelnde Stimme, die ihn fragte: »Was machst du hier oben und störst meine Ruhe, du ungezogener Bengel?«

Robert erschrak; er merkte, wie seine Knie schwammig weich wurden. Obwohl er es nicht sehen konnte, spürte er, wie plötzlich alle Farbe aus seinem Gesicht wich. Er brachte kein Wort heraus. Da hörte er wieder diese eigenartige Stimme, und es war ihm, als streifte ein kalter Hauch von einer unsichtbaren Gestalt hinter ihm seinen Nacken.

»Ich wollte mich hier nur einmal umsehen«, stotterte Robert. Es war mehr ein ängstliches Flüstern als eine beherzte Antwort.

»Du bist in einen verbotenen Raum eingedrungen – du hast hier nichts zu suchen. Dafür wirst du büßen!«

Robert nickte stumm, schluckte dabei und wollte sich zum Ausgang bewegen, um schleunigst die Tür zu finden, die ihn nach draußen brachte. Aber er fand keine Tür mehr, nur glatte Wände, kalt und feucht. Ununterbrochen spürte er den Atem des Unsichtbaren in seinem Nacken. Obwohl es kein Entrinnen mehr zu geben schien, versuchte er verzweifelt, um Hilfe zu schreien. Seine Stimme versagte schon im Ansatz, nur ein heiseres Röcheln kam aus seinem trockenen Hals. Erschöpft fiel er nach einiger Zeit auf den kalten Fußboden. Als er dann eine Weile so lag und sich schon seinem Schicksal fügen wollte, versuchte er in seiner Verzweiflung noch einmal zu rufen: »Hilfe, Hilfe Opa, hol mich hier bitte raus!« Er riss die Arme hoch. Sein Rufen wurde von beißenden Tränen beinahe erstickt.

»Was hast du denn, Robert?«, fragte der Opa seinen Enkel mit ruhiger Stimme und fasste ihn behutsam am Oberarm. Lächelnd setzte er sich zu Robert auf die Couch, runzelte die Stirn und meinte schließlich, der lange Spaziergang zur Wildfütterung war für den kleinen Jungen wohl doch etwas zu anstrengend gewesen, sonst hätte er sich nach der Rückkehr nicht gleich auf die Couch fallen lassen und wäre nicht sofort eingeschlafen. »Hast du etwa was Schlimmes geträumt?«, fragte Opa und lächelte dabei so, wie nur er lächeln konnte. Da begann auch Robert zu lächeln und tastete erleichtert nach der Hand seines Opas.

Die alte Bibliothek

Christin-Maria Rupp

In einer alten Bibliothek, die gerade geschlossen war, trat Stille ein. Einsame Stille – schweigsame Stille, ja geradezu unheimliche Stille. Es war nicht die Stille, die normalerweise eintritt, wenn alle gegangen sind, die Tür ins Schloss fällt und der letzte Schlüssel umgedreht wird. Nein, diesmal war die Stille eine andere.

Alles schien in Erwartung zu sein, als würde gleich etwas Unerwartetes geschehen. Aber was? Die Stille wurde lauter und lauter. Es fing zu vibrieren an, und dann geschah es – unerwartet erwartet.

Aus dem obersten Regal löste sich ein Buch und fiel mit lautem Gepolter hinunter. Es landete nicht auf dem Einband, sondern auf seinen Kanten, und die Seiten waren geöffnet. Das Buch war in grünes Leder gebunden mit goldener Schrift, und die vergilbten Seiten zeigten, dass es schon sehr alt war. Sie offenbarten seltsame Schriftzeichen und Abbildungen.

Da stand es in der Dunkelheit. Durch das Fenster fiel ein fahler Schein, den der Sichelmond in den Raum schickte. Der Schein traf nach einiger Zeit das Buch – und das hätte so nicht geschehen dürfen. Schlagartig wurde es zwischen den Seiten lebendig. Seltsame Kreaturen schlichen leise aus ihnen heraus. Auch die Satzzeichen wurden mit Leben erfüllt. Sie schlürften gierig den Mondschein in sich hinein. Es musste schnell gehen, bevor der Mond wieder weiterwanderte. Aus den Buchseiten purzelten acht Sterne. In immer neuen Formationen tanzten sie über das blank gewienerte Eichenparkett. Die Zeichen und die Kreaturen sammelten sich um die Sterne und wollten sie am Tanz hindern. Doch die Sterne ließen sich nicht aus dem Takt bringen, sie tanzten zu einer inneren Melodie, die ihnen ertönte.

Die Kreaturen suchten das Weite. Wie von unsichtbaren Fäden gezogen, gingen sie beinahe schlafwandlerisch zu den anderen Regalen, kletterten an diesen hoch und verschwanden in den Büchern, die sie ausgesucht hatten. Acht dieser Bücher besaßen einen blutroten Leineneinband. Die Kreaturen, aus Schatten gewoben, waren auf einmal verschwunden. Was sie wohl in den Büchern zu finden glaubten? Kurze Zeit später kamen sie wieder aus den Büchern hervor, ihre Gestalt hatte sich verändert, sie waren dicker geworden.

Plötzlich fiel eines der Bücher herab und offenbarte, was geschehen war: Die Seiten waren leer! Die Kreaturen hatten alle Buchstaben aufgefressen und waren zurückgekehrt in ihr grünes Buch, dorthin, wo die Zeichen schon auf sie warteten. Das grüne Buch lag dick und prall am Boden.

Die Sterne waren um die Regale getanzt, und als sie begriffen, was passiert war, hielten sie mit dem Tanzen inne. Sie atmeten intensiver, und ihr Strahlen wurde stärker und stärker – es bildeten sich Lichtbuchstaben, die in die entleerten roten Bücher wanderten und sie füllten. Jetzt waren andere Inhalte in ihnen.

Als die Sterne ihre Aufgabe erfüllt hatten, bildeten sie eine Brücke zum Fenster. Die schmale Mondsichel war gerade noch zu sehen. Jetzt schnell! Ein Stern nach dem anderen hangelte sich an dem Mondstrahl entlang zum Fenster hinaus. Endlich waren sie frei und wanderten hinauf zum Himmel. Sieben formierten sich als Wagen, und der letzte setzte sich auf die Deichsel.

Das kleine Licht

Wolfgang Fauska

Der Wanderer war schon seit Tagen auf diesem holprigen und ausgetretenen Pfad unterwegs. Zahlreichen Pfützen musste er ausweichen, dann lagen wieder herabgefallene Äste quer über dem Weg und hinderten ihn am zügigen Weiterkommen. Nach einer längeren Etappe hielt er es für angebracht, eine kleine Pause einzulegen, und suchte sich einen Platz am Rand einer schmalen Lichtung, die noch einladend von der Sonne beschienen wurde. Er setzte sich auf eine Wurzel und packte sein Brot und ein hartes Stück Käse aus. Während er mit Bedacht seine Wegzehrung verspeiste, beobachtete er, wie sich die Sonnenstrahlen fast unmerklich über das Moos tasteten. Ein schmaler Lichtstrahl glitt lautlos über das satte Grün. Plötzlich leuchtete etwas metallisch Glänzendes im moosgrünen Boden auf. Erst war es nur ein kleiner, leuchtender Punkt, der sich langsam erhellte und vergrößerte, sobald sich der Sonnenstrahl weiterbewegte. Während der Wanderer so schaute, vergaß er zu kauen und schluckte den letzten Bissen mühsam hinunter. Dann stand er auf und ging vorsichtig zu der Stelle, die seinen Blick eben noch gefangen gehalten hatte. Er kniete sich nieder, schob das umstehende Moos beiseite und fühlte mit seiner Hand einen kalten metallischen Gegenstand, kantig und von rauer Oberfläche. Mit den Fingern entfernte er die Walderde rund um das Metallstück und hob eine messingfarbene, von einer dunkelgrünen, erdfeuchten Patinaschicht überzogene Kassette aus dem Erdreich.

Als er die Kassette bewegte, um sie rundherum betrachten zu können, hörte er ein Scheppern aus dem Inneren des Behälters. Was konnte das nur sein? Goldmünzen, edle Steine, kostbare Schmuckstücke? Immer wieder schüttelte er den Behälter, um aus dem Geräusch auf den Inhalt schließen zu können. Dann neigte er die Kassette und versuchte, die Ohren an die Oberfläche zu halten. Es blieb rätselhaft. Unschlüssig, was er nun weiter hier an diesem Platz mit seinem geheimnisvollen Fund anfangen sollte, steckte er die Kassette in seinen groben Stoffsack, den er quer über dem Rücken trug, und setzte seinen Weg fort. Dabei drehten sich seine Gedanken nur noch um den Inhalt der kleinen Kassette und wie es ihm gelingen könnte, sie zu öffnen. Er fand jedoch keine Lösung für dieses Problem, denn schon nach einem kurzen Wegstück fühlte er an seiner Schulter, dass der Stoffsack von Schritt zu Schritt schwerer wurde und der Rücken an der Stelle zu brennen begann, wo der Stoffsack ihn berührte.

Nach einiger Zeit hielt er an, um sich den kalten Schweiß von der Stirn zu wischen. In immer kürzeren Abständen blieb er entkräftet stehen, lehnte sich vor Erschöpfung an einen der Baumstämme am Wegesrand und ging trotz aller Anstrengung kraftlos zu Boden. Der Stoffsack hing schwer wie Blei auf seinem Rücken und brannte schmerzhaft auf der Haut. Er nahm ihn ab, öffnete die Schlaufe und wollte die Kassette wieder herausnehmen. Obwohl sie sich glühend heiß anfühlte, fasste er sie mit einem beherzten Griff mit beiden Händen und warf sie so weit von sich, dass sie einige Schritte entfernt auf dem weichen Waldboden aufschlug.

Da begann sich plötzlich die Sonne zu verfinstern, vom schwefelgelben Himmel zuckten Blitze krachend und berstend auf die Erde.

Der Wanderer hielt sich die Hände vor sein Gesicht und senkte den Kopf auf die Brust. Der Regen prasselte mit anhaltender Wucht nieder, Blitz und Donner gingen immer mehr ineinander über und tobten mit infernalischer Gewalt um ihn herum. Mit einem Mal verstummte das unheimliche Gewitter, der Regen hörte unvermittelt auf. Der Wanderer hob vorsichtig seinen Kopf, und als er ängstlich umherblickte, sah er ein kleines Männlein auf dem Waldboden sitzen, das mit feurigen Augen seinen Blick auf ihn richtete. Sie musterten sich gegenseitig, schweigsam, längere Zeit.

Während der Wanderer noch darüber nachdachte, was er nun tun sollte, fing der Zwerg an zu reden. »Du hast eine kleine Kassette gefunden und möchtest gern wissen, was in ihr ist und wie du sie öffnen kannst, denn sie hat kein Schloss zum Öffnen des Deckels. Ich weiß allerdings, dass sich darin etwas sehr Wertvolles befindet. Es gehörte einmal unserem Stamm, wurde vor langer Zeit bei einem Überfall geraubt und war seither verschwunden. Wir konnten nicht danach suchen, denn dort, wo du herkommst, jenseits des Flusses, ist für uns verbotenes Land. Jeder, der es betreten würde, müsste sterben. Aber hier sind wir wieder in dem Land, das seit alter Zeit uns gehört. Du hast den Schatz gefunden, ich kann dir helfen, die Kassette zu öffnen. Wärest du damit einverstanden, wenn wir uns den Schatz teilen?«, fragte der Zwerg.

Ohne lange zu überlegen, sagte der Wanderer begeistert zu. Der Zwerg hob die Kassette vom Boden auf, hielt sie sich vor die Brust und begann in einer seltsamen Sprache zu murmeln: Es klang wie ein leiser, fremdländischer Gesang. Mit einem kleinen Ruck öffnete sich der Deckel, und in der samtenen Einfassung lagen, bis an den Rand gefüllt, glänzende Edelsteine. Der Wanderer konnte nicht glauben, was er da zu sehen bekam. Mit weit aufgerissenen Augen starrte er auf die funkelnde Pracht – sie strahlte in der einsetzenden Dämmerung hell und gleißend wie die lodernde Glut eines Schmiedefeuers.

Fiebernd vor Aufregung malte er sich aus, was er sich mit seinem Anteil alles kaufen könnte: ein Haus oder gar ein Schloss mit großen Ländereien und noch vieles andere mehr. Zu diesen Bildern schlich sich fast unbemerkt der Gedanke in seinen Kopf, was er sich noch alles leisten könnte, wenn er den ganzen Inhalt der Kassette in seinen Besitz brächte. Dazu musste er wohl zu einer List greifen. Angestrengt überlegte er, wie das geschehen könnte. Da mittlerweile schon der Abend hereingebrochen war, schlug er vor, hier zu übernachten und dann mit dem ersten Sonnenstrahl wieder aufzubrechen – jeder seines Weges, jeder mit seinem Anteil. Der Zwerg stimmte dem Vorschlag nach einer Weile zu. Aber er warnte den Wanderer mit fester Stimme, wenn er versuchen sollte, ihn um seinen Anteil zu betrügen, würde er sich unausweichlich in sein Unglück stürzen.

Sie suchten sich einen Platz für das Nachtlager, die Kassette legten sie zwischen ihre Rastplätze und schliefen kurz darauf ein. In der Nacht erwachte der Wanderer von einem wirren Traum und fand keine Ruhe mehr. Er hörte den festen Atem des Zwerges, der tief schlafend ein paar

Schritte neben ihm auf dem weichen Waldboden lag. Da fasste er den Entschluss, die Kassette an sich zu nehmen und unbemerkt das Weite zu suchen. Es war zwar dunkel, doch er würde schon einen Weg aus diesem Wald herausfinden. Leise entfernte er sich von der Schlafstelle, der Zwerg hatte noch nichts bemerkt. Wie er mit vorsichtigen kleinen Schritten so dahinschlich, sah er vor sich ein kleines Licht auftauchen, das sich tänzelnd vor ihm bewegte und ihm den Weg durch die Dunkelheit zeigte. Gleichermaßen angetan und überrascht folgte er diesem Licht. Er musste sich zurückhalten, um nicht vor Freude über seine gelungene List laut loszuschreien. Er glaubte, schon durch den Wald die verstreuten Lichter einer nahen Siedlung zu erkennen, und fing daraufhin an, schneller zu gehen. In seiner Aufregung merkte er nicht, wie der Boden zunehmend feuchter und weicher wurde – nach ein paar Schritten stand er bis zu den Knöcheln im Wasser.

Noch bevor er sich seiner Situation recht bewusst wurde und einen Entschluss zur raschen Umkehr fassen konnte, war er schon weit über die Hüften in den sumpfigen Boden eingesunken. In seiner Panik begann er, laut um Hilfe zu schreien, und blickte dabei in Todesangst verzweifelt um sich.

Da sah er den Zwerg neben sich stehen mit der Laterne in der Hand, deren kleines Licht ihn hierher in sein Verderben geführt hatte. Auch ohne ein Wort des Zwerges begriff der Wanderer blitzschnell, dass er nun büßen müsse für seine wahnwitzige Gier und seine gebrochene Vereinbarung.

Mit einem entsetzlichen Schrei versank er – die Kassette bis zum Schluss verzweifelt hochhaltend – in der Tiefe des nachtdunklen Morastes.

Aufbruch

Christin-Maria Rupp

Es war einmal ein Baumgeist, der fühlte sich in seinem Wald nicht mehr zuhause. Alt war der Baum, in dem er wohnte – uralt. Seit Anbeginn der Zeit war dieser Wald mit all seinen Bewohnern und Herrlichkeiten seine Heimat.

Eines schönen Tages drangen Ungeheuer in den Urwald vor, mit schrecklichen monotonen Geräuschen und fürchterlichem Benzingestank – und es wurden immer mehr. Alle Bewohner des Waldes waren vor ihnen auf der Flucht. Bäume fielen. Zuletzt entstand das Feuer, das gierig alles verschlang.

Der Baumgeist zögerte noch. Seine Vorfahren hüteten diesen Platz seit Hunderten von Jahren.

Nie hatte sich eines dieser Ungeheuer gezeigt, nie sich ein Zweifüßler in diesen Teil des Urwalds gewagt. Der Göttin des Waldes war dieser Platz heilig. Doch wo war sie?

Der Baumgeist überlegte hin und her: Konnte er den Wald einfach so verlassen oder musste er bleiben?

Da geschah eines Tages etwas völlig Unerwartetes. Am Fuß seiner Baumwohnung zwischen den mächtigen Wurzeln stand eine kleine Gestalt. War es ein Zweibeiner? Wie kam der hierher, noch dazu ein so kleiner?

Der Baumgeist erschrak, war das die große Veränderung, die im Ahnenkodex vorhergesagt war? Sollte der

Wald wirklich zugrunde gehen? Da musste doch etwas geschehen!

Erst nach einigem Zögern wagte sich der Baumgeist aus seiner Behausung heraus. Sich einem Zweibeiner zu zeigen, schien ihm ein großes Wagnis.

In der Sitrin-Sprache der Elben rief er scheu: »Hallo, bist du ein Menschenkind?« Die Hoffnung, das Wesen würde ihn verstehen, erfüllte sich. Die Kleine blickte um sich – sie konnte die Laute hören, aber nicht sehen, wer sie gesprochen hatte. Sie rief:

»Wer bist du, und wie darf ich dich nennen?«

»Mein Name ist Glussi, und ich bin ein Baumgeist – und wie heißt du?«

»Man ruft mich Zepulima, weil ich in Lima zur Welt kam.«

»Ein schöner Name!« Dabei bemerkte er, dass aus ihrem wirren Lockenkopf spitze Ohren herausschauten. Ah, ein Elbenmädchen, zum Glück kein Menschenkind!

Zepulima holte aus ihrer Tasche eine Kugel aus Kristall, die wie ein Regenbogen schillerte. Sie warf die Kugel in die Luft und fing sie wieder auf. Schnell war der Baumgeist hinter dem Mädchen, und beim dritten Mal fing er die Kugel.

»Das darfst du nicht«, rief Zepulima energisch, »das ist eine Zauberwunschkugel!«

»Oh, dann kannst du mir vielleicht helfen, einen neuen Ort zu finden?«, fragte Glussi.

Zepulima nahm die Kugel in ihre Hände und sagte leise:

»Sitrin, Sitrin, bunte Kugel aus Kristall,
löse diesen schweren Fall.«

Plötzlich öffnete sich zu ihren Füßen die Erde, ein Gang wurde sichtbar, und neugierig folgten sie dem Verlauf. Er führte immer tiefer in die Erde hinein. An die Dunkelheit hatten sie sich gewöhnt – und warm war es auch. Zepulima blieb stehen, die Kugel in ihrer Hand drehte sich nicht mehr, sie waren angekommen. Der Gang weitete sich in eine hohe, große Halle. Auf dem Platz befanden sich niedliche kleine Häuser, die sich um ein größeres scharten.

Zepulima schaute Glussi an: »Sollen wir der Stadt einen Besuch abstatten?«

»Aber hier gibt es doch keine Bäume, lass uns weitergehen!«, gab Glussi zu bedenken.

Mit einem Mal stand ein kleiner, sonderbar gekleideter Mann vor ihnen. Er legte den Zeigefinger auf seine Lippen und holte aus seinem Umhang zwei gerollte Papiere hervor. Schweigend nahmen die beiden die Rollen entgegen, nickten mit dem Kopf einen Dank. Die Rollen fühlten sich nicht wie Papier an, eher wie Stoff. Beim Entrollen entdeckten Glussi und Zepulima auf der Rückseite eine Art Gebrauchsanweisung. Die Buchstaben tanzten vor ihren Augen, und als sie zur Ruhe gekommen waren, lasen sie, dass es Ohren waren. Riesengroße Ohren für jeden von ihnen. Irgendwie gelang es ihnen, sie an ihren eigenen Ohren festzumachen. Sie hörten ferne Geräusche, dann Flüstern, dann verstanden sie: »Das Ziel ist nahe, geht weiter!«

Gemeinsam gingen sie durch die Straßen der Stadt, und als sie am Stadtrand angekommen waren, fanden sie den unterirdischen Wald. Dort standen große, alte Bäume, die sprechen konnten, und sie hörten in Sitrin-Sprache: »Herzlich willkommen, hier könnt ihr bleiben, wir haben schon auf euch gewartet!«

»Danke!« Glussi zog die Zauberohren aus und rollte sie zusammen. Als er sich umsah, entdeckte er einen Baum, der ihn zu sich rief: »Hier ist eine Wohnung frei, ein Baumgeist wird gesucht!«

Glussi freute sich und fand eine Höhlung, in die er die gerollten Ohren stecken konnte.

Dann drehte er sich nach Zepulima um. Sie wollte sich ebenfalls von den Riesenohren befreien, doch die Ohren waren inzwischen zu Flügeln geworden. Sie sah wunderschön aus, flog auf den Baum, befragte ihre Zauberwunschkugel erneut, was zu tun sei: Sollte sie bleiben oder weitersuchen?

>»Sitrin, Sitrin, bunte Kugel aus Kristall,
>löse diesen schweren Fall.«

Sie rief nach Glussi, der sich bereits im Inneren des Baums befand. Als er kam, spürte sie ihr Herz bis zum Hals schlagen. Sollte das ihr neues Zuhause werden? Als Glussi sie ansah, flog ein rosafarbener Schimmer über ihr Gesicht und ihre Augen strahlten. Sie hielten sich an den Händen, umarmten sich – und wie aus einem Mund riefen sie: »Hier bleiben wir!«

So bekam der unterirdische Wald neues Leben, und Glussi hatte nicht nur ein neues Heim entdeckt, sondern auch eine liebe Gefährtin gefunden.

Manchmal muss man das Altgewohnte verlassen, um etwas Neues zu entdecken.

Die Geschichte vom Überfluss oder was es wirklich braucht, um glücklich zu sein

Ulrike Ott

Es war einmal ein Königreich, in dem es niemandem an etwas fehlte. Die Bürger dieses Landes hatten alles, was sie sich denken konnten. Zufriedener waren sie deshalb jedoch nicht. Nein, ganz im Gegenteil: Je mehr sie besaßen, desto unstillbarer wurde ihr Verlangen, noch mehr zu bekommen – mehr Kleidung, mehr Konsumgüter, mehr Autos, mehr Urlaub, mehr Tipps für börsennotierte Anlagen, immer mehr! Es war fast ein wenig unheimlich: Wohin man auch sah, überall wurden die Menschen von dem vermeintlichen Zauberwort »MEHR« verfolgt – auf Werbeplakaten, in Funk und Fernsehen. Es gab kein Entrinnen. Allerorts war zu lesen und zu hören: mehr Wohlstand, mehr Glück mehr, mehr, mehr …

MEHR betonten gebetsmühlenartig auch die Minister des Königs: »Wir brauchen mehr Wachstum, mehr privaten Besitz, mehr Bildung.« Ringsumher wurden die Menschen von immer mehr MEHR überflutet und überfordert. Ja, sie drohten schließlich, in diesem MEHR zu ertrinken. Sie merkten nicht, wie sich das Klima dramatisch veränderte, die Trinkwasserqualität nachließ und die Luft zum Atmen immer schlechter wurde. Die Krise wurde nahezu unabwendbar. Im ganzen Königreich war das MEHR der einzige Lebenszweck. Menschen waren nicht mehr als Menschen mit ihrem Lachen, ihrer Liebenswürdigkeit und all ihren Tränen interessant, Menschen wurden zu bloßen Zahlen in Bilanzen. Die Schule diente in erster Linie der Vorbereitung auf das Geldverdienen und nicht der Vermittlung umfassender Bildung.

Merkwürdig nur: Je mehr die Menschen an Reichtum anhäuften, desto weniger wussten sie sich an ihrem Besitz zu erfreuen. Sie empfanden immer weniger Glück. Es gab beinahe unbegrenztes Wissen, aber die Menschen verstanden immer weniger. Immer mehr Eile, keine Zeit für das Wesentliche. Der Hunger nach Wohlstand wurde immer größer.

Es geschah eines Tages in diesem Königreich, dass der König das Leben seiner Untertanen satt hatte: »Es muss im Leben doch mehr geben als dieses MEHR!« Von da an aß der König seine königliche Suppe nicht mehr. Die Minister und der gesamte Hofstaat hielten die Luft an. So etwas hatte es noch nie gegeben – aber es hatte es auch noch nie gegeben, dass alles ein Zuviel war. Das besagte Fass war übergelaufen.

Es herrschte helle Aufregung im ganzen Königreich. Der König stellte das ganze öffentliche Leben ein. Die Menschen mussten zu Hause bleiben. Alle. Nichts ging mehr. Der König saß da und überlegte und fand, dass es wie mit dem Atmen sei: Wer immer nur einatme und nie ausatme, müsse zwangsläufig irgendwann ersticken.

»Es kommt nicht auf das MEHR an, sondern auf das richtige Maß«, sagte der König, »nicht einmal einem König bricht ein Zacken aus der Krone, wenn er bescheidener lebt. Im Gegenteil: Bescheidenheit ist vielmehr eine königliche Kunst. Wir müssen zurück zu den Anfängen, zur Einfachheit und Bescheidenheit, um den wahren Wert und Sinn des Lebens zu erkennen.«

Der König lebte den Verzicht vor: weniger Essen, weniger Medien, weniger von allem, was irgend möglich war. Je einfacher er seine Tage gestaltete, desto erfüllter wurde sein Leben. Er konnte sich wie früher an schönen Dingen erfreuen. Er genoss den Augenblick, machte ausgedehnte Spaziergänge und sog den frischen Atem tief in seine Lungen ein. Er hatte nun Zeit – Zeit für mehr Ruhe und Schlaf.

Er konnte endlich tun, was schon Jahre auf Erledigung wartete: In Ruhe ein Buch lesen und ein Bild betrachten. Er entdeckte seinen Garten wieder. In diesem gab es viel frisches Gemüse, das er selbst in der Küche verarbeitete. In Ruhe und mit Genuss nahm er seine Mahlzeiten ein.

Darüber hinaus fand er es wohltuend, dass die Hektik und das Rasen von einem Termin zum anderen ebenso wie die leidlichen Empfänge mit den vielen Menschen wegfielen. Mit anderen Worten: Er entspannte sich. Er freute sich über diesen Verzicht und die damit verbundene Wohltat.

Sein Beispiel machte Schule. Schon bald war es eine Lust, in diesem Land zu leben, in dem tiefe Zufriedenheit und Freundlichkeit herrschten. Ja, und wenn die Menschen in jenem Reich nicht gestorben sind, dann leben sie noch heute.

(Quelle: anonymer Autor, Text märchenpädagogisch
überarbeitet)

Plitschs großes Abenteuer

Gina Dennehy

Plitsch hatte sich ganz fest bei ihrem Papa eingehakt, der wiederum an seinem Nachbarn hing, und so mit vielen anderen eine Kette bildete. Die Ansammlung war schon gewaltig, und der Wind brachte ziemliche Unruhe in die große Menge.

»Wann geht es los, Paps?«, fragte Plitsch. »Du musst dich noch etwas gedulden, dein erstes Abenteuer soll besonders schön werden.« Einige Ungeduldige stürmten schon davon.

»Paps«, sagte Plitsch, »sieh mal, ich funkele wie ein Diamant.«

»Ja«, meinte Paps, »das macht die Sonne. Bald kann es losgehen.«

Plitsch hörte kaum noch zu, sie bewunderte eine farbenprächtige Brücke, die sich bildete – alles war wie verzaubert.

»Eins, zwei, drei, vier, nun starten wir!«, rief Paps. Plitsch und Paps sausten los, es gab kein Halten mehr. Der Wind trug sie auf die bunte Brücke, und als sie am höchsten Punkt angekommen waren, sausten sie eine farbenprächtige Rutsche hinunter. Plitsch jubelte vor Freude. Paps und Plitsch rutschten um die Wette. Die Fahrt ging lange und flott voran. Plitsch staunte über die Farben, die Sonne, den Wind und das viele Nass um sie herum.

Platsch!

Vor Staunen hatte Plitsch nicht bemerkt, dass sie unten angekommen waren. Sie landete mitten im Wald auf dem braunen Hut eines frischen Steinpilzchens. Von dort kugelte sie hinunter und wurde im weichen Moos aufgefangen. Sanft wiegten die weichen Arme der Mooskissen Plitsch und ihren Paps hin und her. Mit den anderen Tropfen schmiegten sie sich eng zusammen und rollten immer weiter. Plitsch hatte noch nie so ein Vergnügen erlebt. Alle Tropfen hielten fest zusammen und bildeten eine Wasserstraße, die schnell voranflitzte. Viele, viele Freunde folgten ihr, so dass sich im Wald eine Pfütze bildete, die zu einem seichten Teich heranwuchs.

Mit Paps und den anderen kam Plitsch zur Ruhe. Sie verweilten eine lange Zeit im Wald, halb im Schatten und halb in der Sonne. Die Sonnenstrahlen ließen Plitsch funkeln und strahlen und zeigten ihre besondere Schönheit.

Frösche sprangen zwischen sie, katapultierten Plitsch dabei hoch in die Luft. Sie jauchzte vor Vergnügen und genoss das Spiel. Wenn sie herumwirbelte, erzitterte der kleine Tropfen und lachte, weil sich das kitzelig anfühlte. Die Frösche vertrauten dem kleinen flachen Teich ihren Froschlaich an. Die Froscheier waren sehr glitschig und durchsichtig mit einem schwarzen Punkt in der Mitte.

Nach einigen Tagen befand sich ein kleines schwarzes Wesen in den Eiern, das lustig herumzappelte, während es größer und größer wurde. Plitsch fand die Kaulquappen lustig, als sie aus den Froscheiern geschlüpft waren. Wie kleine schwarze Fischchen mit großen Köpfen peitschten die Kaulquappen mit dem Schwanz durch den Teich. Nach und nach wuchsen ihnen Beinchen, und der biegsame Schwanz bildete sich zurück. Plitsch liebte es, ihnen zuzusehen, wie sie immer mehr zu Fröschen, zu Minifröschen wurden. Als sie den Teich verlassen hatten, um ihr Leben im Wald fortzusetzen, nahm Paps Plitsch an die Hand und sagte: »Komm mit mir, unser Abenteuer neigt sich dem Ende zu. Wir gehen wieder nach Hause.«

Plitsch ergriff die Hand von Paps und spürte die Wärme der Sonne, die sie langsam in den blauen Himmel holte. Dort oben angekommen, bildete Plitsch mit Paps und den vielen anderen wieder eine große Regenwolke. Plitsch kuschelte sich in die watteweiche Wolke. Alle Tropfen hakten sich zusammen ein. Und sie träumten von anderen schönen Abenteuern, während der Wind sie sanft wiegte. Plitsch freute sich schon auf die nächste große Reise. Ihr Paps war doch der Tollste!

Die Verwandlung – eine Geschichte von besonderen Ereignissen

Christin-Maria Rupp

Es war tiefste Nacht, kalt und sogar eisig. Die Sterne glitzerten am Nachthimmel, und seine Klarheit kündete von großer Kälte. Alle, die keinen Unterschlupf gefunden hatten, fröstelten, rückten näher zusammen, um sich zu wärmen.

Gerne hätte Mutter Erde sich und ihre Geschöpfe mit einer wärmenden Schneedecke bedacht. Aber bei Frau Holle war niemand in den Dienst getreten, und so schüttelte auch keiner die Betten. An ihrem Hausdach hingen lange Eiszapfen. Schien sonst die Sonne in die geöffneten Fenster, so waren sie nun geschlossen. Schlief Frau Holle, oder hatte sie das Märchenreich verlassen? Die Apfelbäume im Garten der Frau Holle spürten den Raureif an den Ästen, und der Backofen hatte alles Brot ausgespuckt, leer und dunkel gähnte sein Maul. Was war nur los?

Bisher war die Märchenwelt als heile Welt bekannt. Dazu gehörten auch Bösewichte wie Wolf, Räuber, Zauberer und Hexen. Die magischen Tiere und viele Wesen der Anderswelt hatten hier ihr Refugium. Doch was war geschehen, dass die große Kälte Einzug hielt ins Märchenparadies?

Wo waren die Elfen und Feen, wo die Einhörner, wo die helfenden Drachen mit ihrem Feuer? Hatten sich die Zwerge in ihr unterirdisches Reich zurückgezogen? Wo waren die Fabelwesen und die anderen kleinen Helferchen?

Ein kleines rotbraunes Eichhörnchen verließ sein Nest im Eichenbaum und machte sich auf die Suche nach der Ursache dieser Kälte. Es kam an eine Quelle – dicke Eiszapfen waren dort zu sehen, und trotzdem war es möglich, Zugang zu bekommen. Das Eichhörnchen rief: »Hallo, Wassergeist, bist du wach?« Die Quelle sandte einige Luftblasen nach oben. »Ich muss dich etwas Wichtiges fragen! – Kannst du mir sagen, woher die große Kälte kommt und warum das Märchenland nahezu eingefroren ist?« Der Wassergeist sprach mit klarer Stimme: »Ja, das kann ich dir sagen! Die Menschen, Männer und Frauen, Jugendliche, ja sogar schon kleine Kinder huldigen den Dingen, die sie in einem rechteckigen Kästchen entdecken, das sie immer in der Hand halten. Es ist ihnen wichtiger als Essen. Diese Luftschlösser, die es dort zu sehen gibt, sind weitaus bunter und irrealer als die Wirklichkeit. Sie locken die Menschen in ihre Welt, in der es alles zu kaufen gibt, und gaukeln ihnen Träume vor, die sich nie ganz erfüllen. Und was geschieht? Ihre Herzen werden kalt, sie wollen immer mehr. In ihrer Fantasie haben die echten Märchen keinen Platz, und die Menschen werden den Versprechungen hörig. Sie wollen alles verändern, alles muss noch höher, noch schneller, noch ausgefallener sein. Doch dazu brauchen sie Geld. Sie arbeiten bis zum Umfallen und geben ihre Werte auf, um ihre Süchte und Wünsche zu erfüllen. Die Märchenwelt konnte ihnen das nicht bieten, denn dazu müssten sie sich auf den Märchenweg begeben, der manchmal mühsam ist.

Doch dann geschah etwas in der Welt, das Veränderung brachte. Pandora öffnete ihre Büchse ein wenig –

und heraus hüpfte ein unbedeutendes Etwas. Das dachten alle, die es sahen, aber es war sehr klein, kaum sichtbar und existierte doch. Es war kein Lebewesen, sah aus wie eine kleine Kugel, die viele, viele Tentakel hatte, höchstgefährlich, weil sie überall andockte. Durch einen dummen Zufall in der Märchenwelt gelandet und gleich auf zwei Lager gestoßen: Die einen waren neugierig, die anderen hielten Abstand und fanden nichts Gutes daran.

Der Feenkönig bekam Wind davon. Er war verwundert, und so bestimmten er und sein Hofstaat: Keiner sollte mehr das Haus verlassen, keiner durfte mehr den anderen berühren, nicht husten, nicht singen, nicht küssen, nicht umarmen. Die Märchenwelt wirkte wie erstarrt – jeder blieb in seiner Behausung oder zog sich in einen Unterschlupf zurück im Angesicht der drohenden Gefahr. Die Grenzwächter versahen ihren Dienst nicht mehr. Niemand weiß, wer das große Tor geöffnet hat, und da bekamen sogar die Mutigsten Angst und blieben in ihren Behausungen. Plötzlich wurde es Winter und die Eis- und Frostriesen konnten ungehindert Einzug halten. Dicke Wolken verhinderten die Sonne und verwandelten das Märchenreich in ein Winterreich.«

So hatte der Wassergeist gesprochen. Das Eichhörnchen verstand nun, dass die Märchenwelt Hilfe brauchte. Es schlüpfte in sein Nest im Eichenbaum, bedachte, was der Wassergeist erzählt hatte, und schlief eine Nacht darüber. Am nächsten Morgen beschloss es mutig, die Menschen zu besuchen. Vielleicht würde es ja eine Lösung finden.

In der Menschenwelt ist keine äußere Kälte vorhanden, stattdessen ist die Kälte in die Herzen der Menschen eingezogen und hat sie gefühllos gemacht. Niemand bemerkt, dass die Gefühle nicht mehr spürbar sind.

Das Eichhörnchen begibt sich in den Park, in dem die Kinder mit ihren Müttern und Großmüttern den Nachmittag verbringen, hüpft von Bank zu Bank, verweilt ein wenig, lässt sich bestaunen und ruht sich kurz im Baum aus. Es bemerkt, dass die Menschen Abstand halten und Berührungen vermeiden. »Aha«, denkt sich das Eichhörnchen, »dieses seltsame Ding befindet sich nicht nur in der Märchenwelt, sondern auch bei den Menschen.«

Am nächsten Tag sieht es, dass der Park beinahe leer ist. Wo sind die Kinder? Das Eichhörnchen guckt zu den Fenstern hinein und sieht die Kinder, die Märchen hören, sich Märchenfilme anschauen und wieder das Träumen anfangen. Sie wünschen sich Kontakt zu den Feen, Elfen, Einhörnern und Drachen. Zeit und Muße dazu haben sie jetzt. Ja, sogar Erwachsene öffnen sich dieser verborgenen Welt und hören auf ihr Herz.

Und wie erging es inzwischen der Märchenwelt? Das Eichhörnchen hüpfte zurück und sah mit Erstaunen, dass sich der Winter zurückgezogen hatte. Die dicken Wolken waren verschwunden, und hellklingende Sonnenstrahlen durchfluteten die Märchenwelt. Die märchenhaften Wesen kamen aus ihren Behausungen und feierten in Wärme und Helligkeit. Das große Tor schloss sich – doch in ihm war ein kleines Türchen, das von jetzt an immer offenstand. Jeder, der sich auf den Weg machte und die Magie und Wunderkraft der Märchen kennenlernen wollte, war jederzeit willkommen.

Was aber geschah mit dem seltsamen Etwas? Es hatte seine Aufgabe erfüllt, und da es keine Beachtung mehr fand, trollte es sich davon und ward nie mehr geseh'n!

Und als Digestif – ein Nachwort

Regine Baumgärtel, Leiterin der Schreibgruppe

Liebe Leserin, liebe Leser,

vielen Dank, dass Sie sich die Zeit genommen und in unserem ersten »richtigen« Buch geschmökert haben. Das freut uns und macht uns ein wenig stolz – zumal diese Texte ursprünglich nicht zur Veröffentlichung gedacht waren.

»Wir«, das ist eine lose Gruppe von »Schreiberlingen«, die sich einmal im Monat trifft und unter meiner Anleitung mit Stift und Papier die eigene Kreativität entdeckt und in Worte fasst – eigentlich nur für uns und den jeweiligen Abend, jetzt also auch für die Öffentlichkeit. An unseren gemeinsamen Abenden lassen wir die Feder einfach über das Papier fliegen – und sind selbst immer wieder erstaunt und freudig überrascht, was wir in so kurzer Zeit ganz ohne Vorbereitung und lange Bedenkzeit auf das Papier zaubern.

Anfangen hat alles 2008. Als Abschlussarbeit meiner Ausbildung zur Poesiepädagogin beim IKS-Schreibinstitut Berlin/Karlsruhe musste ich für die Zertifizierung einen Erfahrungsbericht über mindestens fünf Abende einer eigenen Schreibgruppe vorlegen. Ich fragte im Bekanntenkreis, im Chor und überall, wo ich sonst aktiv war,

herum, wer Lust hätte, das Schreiben in einer Gruppe aus-
zuprobieren.

Schnell fanden sich ein paar schreiblustige Menschen,
mein Kurs wurde abgeschlossen, die Arbeit angenommen.

Ich hatte Geschmack daran gefunden und bot im
Herbst desselben Jahres acht Schreibabende in der VHS
Burghausen an. Der Kurs durfte mit nur fünf Personen
stattfinden, weil er etwas Neues war. Im Frühjahrssemes-
ter stellten wir unsere Texte in einem Heft im DIN-A4-
Format zusammen – unsere erste »Veröffentlichung«.

Ich weiß nicht mehr, wie lange die Kurse liefen – ir-
gendwann jedenfalls wurden die Gebühren der VHS zu
teuer, so dass kein Kurs mehr zustande kam. Schließlich
fragten mich einige TeilnehmerInnen, ob ich nicht privat
weitermachen wollte.

Warum nicht?

Anfangs kamen wir bei mir im Wohnzimmer zusam-
men, später durften wir (bis heute) die sehr anregenden
Räume der Stadtbibliothek nutzen – immer am ersten
Dienstag im Monat, zeitgleich mit dem Spieleabend.

In den Sommerpausen, wenn die Bibliothek abends
nicht für uns zugänglich war, trafen wir uns entweder
wieder bei mir daheim, am Salzachufer, im Altstadtcafé,
im Schulhof oder das eine oder andere Mal auch auf der
Burg, sofern es wettermäßig passte. Im vergangenen Jahr
öffneten einige TeilnehmerInnen sogar ihre wunderschö-
nen Gärten für uns.

Neben den Schreiborten haben sich über die Jahre
hinweg auch die Schreibaufgaben und -anregungen geän-
dert, mit denen ich die Kreativität meiner »Schreiberlin-
ge« hervorlocke. Waren es in der ersten Zeit eher visuelle
oder greifbare Impulse, so zum Beispiel Schlüssel jeglicher

Größe (etwa die Geschichte »Der Schlüssel« von Wolfgang Fauska), Gegenstände, die vorgeblich auf der Burg gefunden wurden wie alte Münzen, Tonscherben oder Nägel, wunderbare Fotos, die von TeilnehmerInnen gemacht wurden, Karten mit lustigen Sprüchen, wie sie sich auf Toiletten von Großstadtkneipen finden, so wurden es später Themen wie »Vertrauen«, »Übergänge«, »Geschenk« und sogar das »Nichts«, das in diesem Büchlein gleich zweimal seinen Niederschlag gefunden hat.

Ein Satz aus einem willkürlich in der Bibliothek herausgegriffenen Roman kann ebenso als Anregung dienen wie eine Auswahl erster Sätze aus Romanen oder ein paar Zeitungsschnipsel. Beliebt sind außerdem Buchstabenspiele oder Geschichten aus vier zufällig gezogenen Wörtern (Ort, Person, Gegenstand, letzter Satz).

Ganz wichtig sind die Fingerübungen am Anfang, das »Aufwärmerle«, wie es in meiner Karlsruher Ausbildungsgruppe hieß – beispielsweise ein zur Jahreszeit passendes Elfchen, ein Haiku, ein kurzes Blitzlicht: »Wie bin ich heute hierhergekommen?« oder »Wie geht es mir heute?« Das öffnet Herz und Hirn und bringt den kreativen Schreibprozess in Gang. Manchmal nähern wir uns einem Thema auch anhand eines Clusters oder eines Akrostichons (so »Corona« von Marion Capell).

Im Frühjahr 2018 konnten wir mit zehn TeilnehmerInnen bei Lotte Llacht im Laden eine Lesung halten.

Im vergangenen Jahr hat Corona unserer Kreativität einen neuen Schub gegeben. Die Veränderungen des täglichen Lebens schlugen sich in den Tagesgedichten nieder. Diverse Bewältigungsstrategien und praktische Lösungen, der Wunsch, sich woandershin zu träumen – das alles inspirierte die literarischen Verarbeitung. Noch etwas ist bemerkenswert: Offenbar hat Corona die Lust zum Reimen, die bei den kleinen Formen wie Haiku, Schneeball oder Elfchen sonst kaum eine Rolle spielt, wiederbelebt.

Jeder Beitrag in diesem Buch ist geprägt von der Persönlichkeit des Autors/der Autorin: So sind zum Beispiel unsere beiden Märchenerzählerinnen an ihrem unverwechselbaren Ton zu erkennen, ein Autor hat ein Händchen für Kindergeschichten, ein anderer eine Liebe zur Natur oder einen Hang zum Makabren.

Alle Texte, die hier veröffentlicht sind, sind an unseren Schreibabenden entstanden. Und es sind auch Texte von Schreiberlingen dabei, die nicht mehr zu unseren Gruppentreffen kommen (können), aber immer mal wieder im stillen Kämmerlein mitgeschrieben haben.

Das Schreiben bringt uns zusammen. An den Schreibabenden wird viel gelacht, wir haben große Freude am Schreiben und am Miteinander und führen gute und intensive Gespräche.

Was hier nicht in gebundener Form erscheint: Unsere gemeinsamen Werke, die häufig – nur dem Augenblick geschuldet – zum Ausklang eines Abends entstanden sind. Zum Beispiel satzweise einen angefangenen Text weiterschreiben. Oder an das letzte sichtbare Wort des Vorgängertextes anknüpfen. Oder Reißverschlussgeschichten.

Eine für viele neue Erfahrung: Zu dritt ein Märchen schreiben – ganz klassisch mit Ausgangssituation, Konflikt, Lösung, das gelingt auch Erwachsenen.

Die Zusammensetzung der Gruppe hat sich im Lauf der Jahre geändert – manche TeilnehmerInnen kamen nur ein paar Mal, manche waren fast immer dabei –, umso schöner, dass sich mittlerweile ein »harter Kern«" herausgebildet hat.

Bei allen, die an diesem Werk mitgearbeitet haben, möchte ich mich von ganzem Herzen bedanken – ohne Euch wäre es nie entstanden.

Mein besonderer Dank gilt (in alphabetischer Reihenfolge) all denen, die die Drucklegung dieses Buches überhaupt erst möglich gemacht haben:

Marion Capell für das hochprofessionelle Lektorat und die unendliche Geduld, mit der sie jegliche Wünsche der Autorinnen und Autoren berücksichtigt hat.

Regina Dennehy für ihre tatkräftige Mithilfe in der Redaktion, beim Ordnen der Texte, bei der Titelsuche et cetera.

Jörg Eschenfelder für das gekonnte Layout, das den gelungenen Rahmen für unsere Lyrik und Prosa geschaffen hat, und die aufwendige Fertigstellung der Druckversion mit allem, was zu so einem Buch gehört.

Christina Rupp für ihre wunderschönen Illustrationen, auf denen sich Augen und Geist ein wenig ausruhen können.

Möge Pegasus euch beflügeln!

Regine Baumgärtel

Inhalt

Die Autorinnen und Autoren